CONTEÚDO DIGITAL PARA ALUNOS

Cadastre-se e transforme seus estudos em uma experiência única de aprendizado:

1

Entre na página de cadastro:

https://sistemas.editoradobrasil.com.br/cadastro

2

Além dos seus dados pessoais e dos dados de sua escola, adicione ao cadastro o código do aluno, que garantirá a exclusividade do seu ingresso à plataforma.

1166179A5249047

CB042190

3

Depois, acesse:

https://leb.editoradobrasil.com.br/

e navegue pelos conteúdos digitais de sua coleção **:D**

Lembre-se de que esse código, pessoal e intransferível, é valido por um ano. Guarde-o com cuidado, pois é a única maneira de você acessar os conteúdos da plataforma.

Editora do Brasil

CLÁUDIA MIRANDA
- Mestre em Educação pela Universidade Católica de Petrópolis (UCP)
- Especialista em Teoria da Literatura e em Literatura Comparada pela Universidade Federal de Juiz de Fora (UFJF)
- Licenciada em Letras pela Universidade Federal de Juiz de Fora (UFJF)

EDSON MUNCK JR.
- Doutor pelo Programa de Pós-Graduação em Ciência da Religião (UFJF)
- Mestre em Estudos Literários (UFJF)
- Especialista em Estudos Literários (UFJF)

JACILUZ DIAS
- Doutoranda em Linguística pelo Programa de Pós-Graduação em Linguística da Universidade Federal de Juiz de Fora (UFJF)
- Mestra em Educação pela Universidade Federal de Lavras (UFLA)
- Licenciada em Letras (Licenciatura Plena) pelo Centro de Ensino Superior de Juiz de Fora (PUC Minas)

APOEMA

LEITURA E PRODUÇÃO DE TEXTO

6

2ª edição
São Paulo, 2020

Editora
do Brasil

Dados Internacionais de Catalogação na Publicação (CIP)
(Câmara Brasileira do Livro, SP, Brasil)

Miranda, Cláudia
    Apoema leitura e produção de texto 6 / Cláudia
Miranda, Edson Munck Jr., Jaciluz Dias. -- 2. ed. --
São Paulo : Editora do Brasil, 2020. -- (Apoema)

    Bibliografia.
    ISBN 978-85-10-08132-0 (aluno)
    ISBN 978-85-10-08133-7 (professor)

    1. Leitura (Ensino fundamental) 2. Português
(Ensino fundamental) 3. Textos (Ensino fundamental)
I. Munck Junior, Edson. II. Dias, Jaciluz.
III. Título. IV. Série.

20-35023   CDD-372.6

Índices para catálogo sistemático:

1. Português : Ensino fundamental   372.6

Cibele Maria Dias – Bibliotecária – CRB-8/9427

Direção-geral: Vicente Tortamano Avanso

Direção editorial: Felipe Ramos Poletti
Gerência editorial: Erika Caldin
Supervisão de arte: Andrea Melo
Supervisão de diagramação: Abdonildo Santos
Supervisão de revisão: Dora Helena Feres
Supervisão de iconografia: Léo Burgos
Supervisão de digital: Ethel Shuña Queiroz
Supervisão de controle de processos editoriais: Roseli Said
Supervisão de direitos autorais: Marilisa Bertolone Mendes

Supervisão editorial: Selma Corrêa
Edição: Simone D'Alevedo
Assistência editorial: Gabriel Madeira, Júlia Nejelschi e Laura Camanho
Capa: Megalo Design
Imagem de capa: Ismar Ingber/Pulsar Imagens

Licenciamentos de textos: Cinthya Utiyama, Jennifer Xavier,
Paula Harue Tozaki e Renata Garbellini
Controle de processos editoriais: Bruna Alves, Carlos Nunes, Rita Poliane,
Terezinha de Fátima Oliveira e Valéria Alves

2ª edição / 3ª impressão, 2023
Impresso na A.R. Fernandez

Concepção, desenvolvimento e produção: Triolet Editorial & Publicações
Direção executiva: Angélica Pizzutto Pozzani
Coordenação editorial: Priscila Cruz e Adriane Gozzo
Edição de texto: Frank de Oliveira
Preparação e revisão de texto: Ana Carolina Lima de Jesuz,
Ana Paula Chabaribery, Arali Lobo Gomes, Brenda Morais, Celia Carvalho,
Daniela Lima Alvares, Daniela Pita, Erika Finati, Gloria Cunha, Helaine Naira,
Lara Milani, Marcia Leme, Míriam dos Santos, Renata de Paula Truyts,
Renata Tavares, Roseli Batista Folli Simões e Simone Soares Garcia
Assistência editorial: Gabriela Wilde
Coordenação de arte e produção: Daniela Fogaça Salvador
Edição de arte: Ana Onofri, Igor Aoki, Julia Nakano, Suzana Massini e
Wilson Santos
Assistente de arte: Lucas Boniceli
Ilustradores: All Maps, Fabio Eugenio, Haitan Ohi e Joana Resek
Iconografia: Daniela Baraúna

Rua Conselheiro Nébias, 887
São Paulo, SP – CEP 01203-001
Fone: +55 11 3226-0211
www.editoradobrasil.com.br

APRESENTAÇÃO

Professor, obrigado por dedicar seu tempo e sua atenção à leitura deste manual! Como professores, sabemos do prazer e do compromisso que é trabalhar a língua portuguesa com os estudantes do Ensino Fundamental II. Queremos que a **Coleção Apoema Leitura e Produção de Texto** seja um apoio para você e seus alunos ampliarem as possibilidades de reflexão linguística no dia a dia escolar.

Como você perceberá, o texto é o ponto de partida e o ponto de chegada de cada uma das unidades desenvolvidas em todos os volumes. A ideia da coleção é fazer com que os alunos apliquem os saberes linguísticos e deles se apropriem por meio da interpretação de textos e da reflexão sobre os diversos gêneros textuais, que servirão de repertório para a **Oficina de produção**. Além dessa concepção, que alia a leitura à escrita, são apresentadas reflexões linguísticas, culturais, intertextuais, interdisciplinares... Cada seção que compõe esta coleção foi criada com a finalidade de ajudá-lo a promover uma aula de leitura e produção de textos de excelência. A prática e a experiência docente foram, em todo o tempo, nosso parâmetro fundamental para planejar e elaborar este material. Por isso, esperamos que as propostas aqui efetivadas se somem às ações educativas realizadas por você para consolidar saberes e possibilitar o desenvolvimento de leitores e produtores de textos competentes.

Por fim, diante da grande responsabilidade de nossa tarefa docente, dos desafios que enfrentamos diariamente em nossas salas de aula e desse presente enorme que é a educação, é bom lembrar o que disse o poeta Carlos Drummond de Andrade em "Mãos dadas". Portanto, respeitosa e amistosamente, estendemos nossas mãos, nesta coleção **Apoema Leitura e Produção de Texto**, para seguirmos, juntos, nosso caminho como educadores.

Os autores

CONHEÇA SEU LIVRO

Seu encontro com o desafio da compreensão e produção de textos começa aqui.
Veja em detalhe cada passo desse percurso.

ABERTURA DE UNIDADE

Um convite para começar a caminhada com base em uma fotografia e um texto motivador.

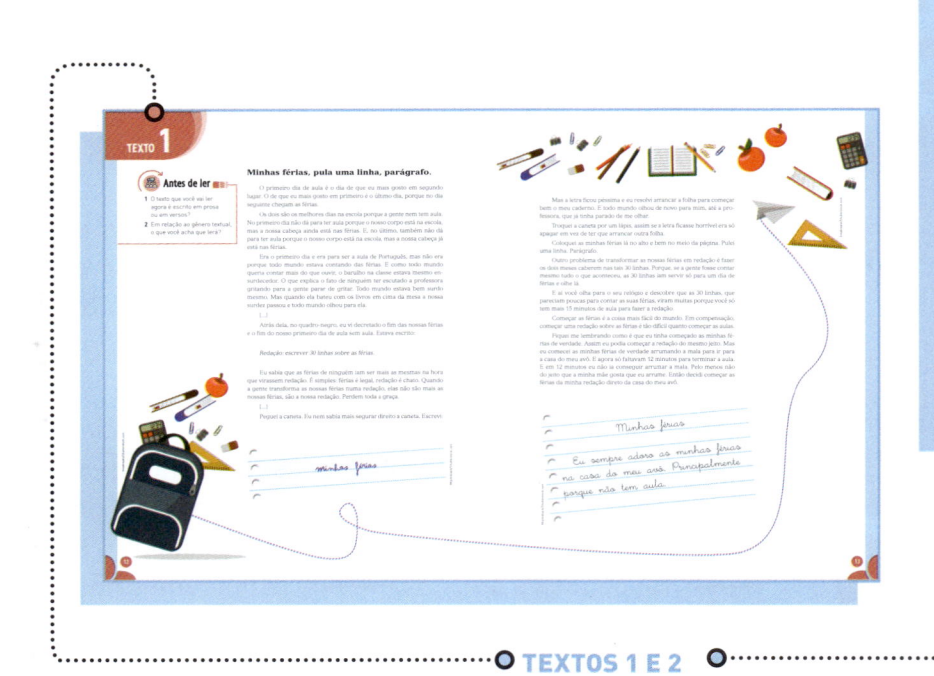

TEXTOS 1 E 2

Em cada unidade, você encontra dois ou três textos de variados gêneros.
Para curtir, conhecer e aprender.

INTERAGINDO COM...

Seção de interpretação de textos e de estudo de seus respectivos gêneros, com atividades práticas.

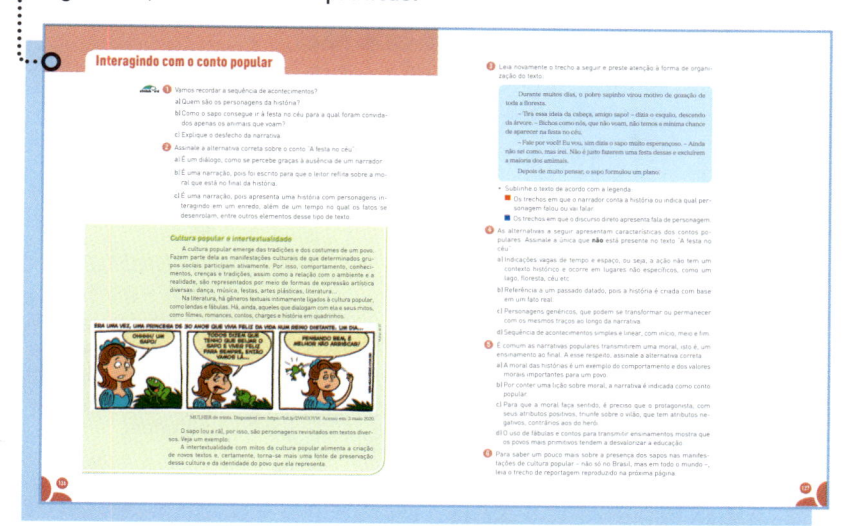

AMPLIANDO O CONHECIMENTO

Um olhar mais de perto sobre aspectos citados nos textos, com informações complementares de outras áreas do conhecimento.

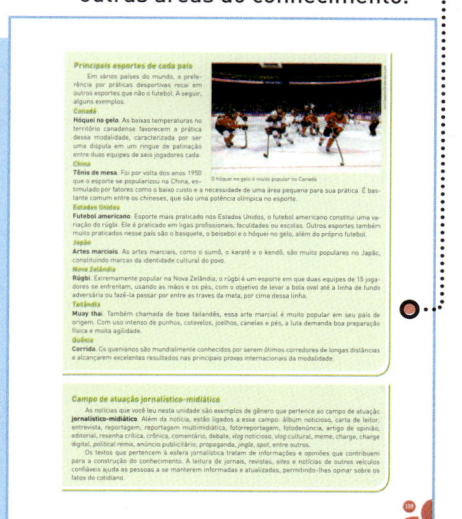

LÍNGUA E LINGUAGEM

Momento de aprofundar os conhecimentos adquiridos com a leitura e a interpretação dos textos apresentados na unidade, agora sob o ponto de vista do estudo da língua portuguesa.

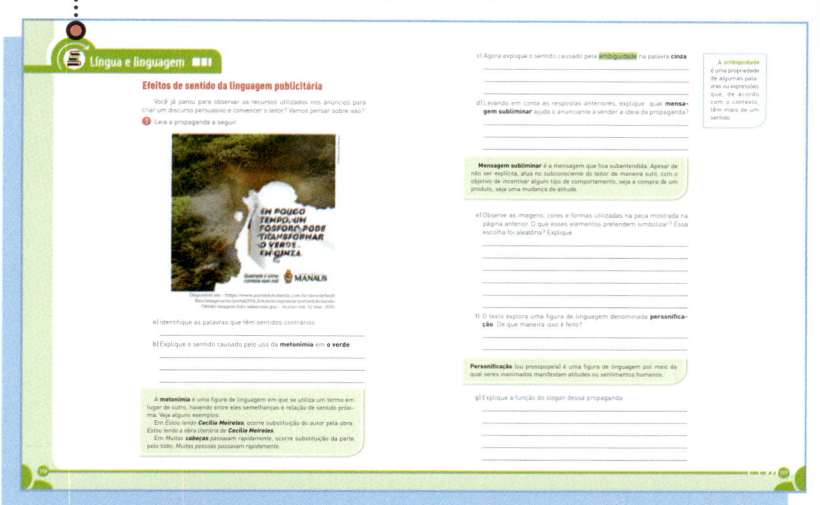

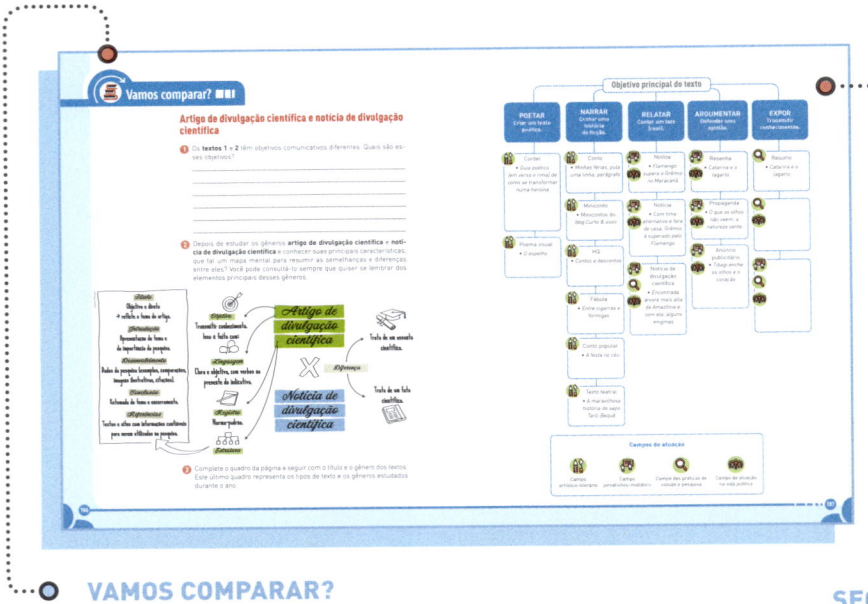

QUADRO DE TIPOS E GÊNEROS TEXTUAIS
Um jeito visual e divertido de ajudar você a se lembrar das informações apresentadas nas unidades.

VAMOS COMPARAR?
Pela comparação dos gêneros estudados na unidade, você consolida o aprendizado.

SEÇÃO COMPLEMENTAR
Glossário: apresenta, de forma simplificada, o sentido de palavras e expressões utilizadas nos textos da unidade.

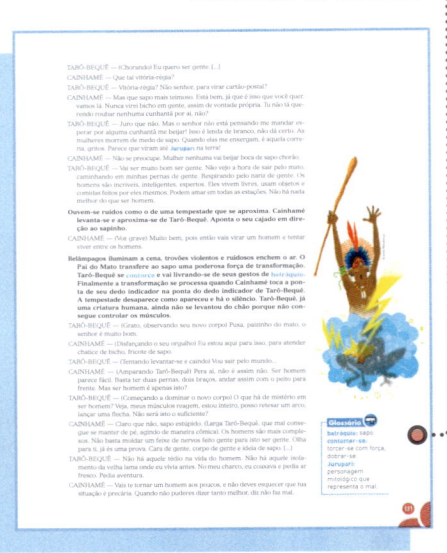

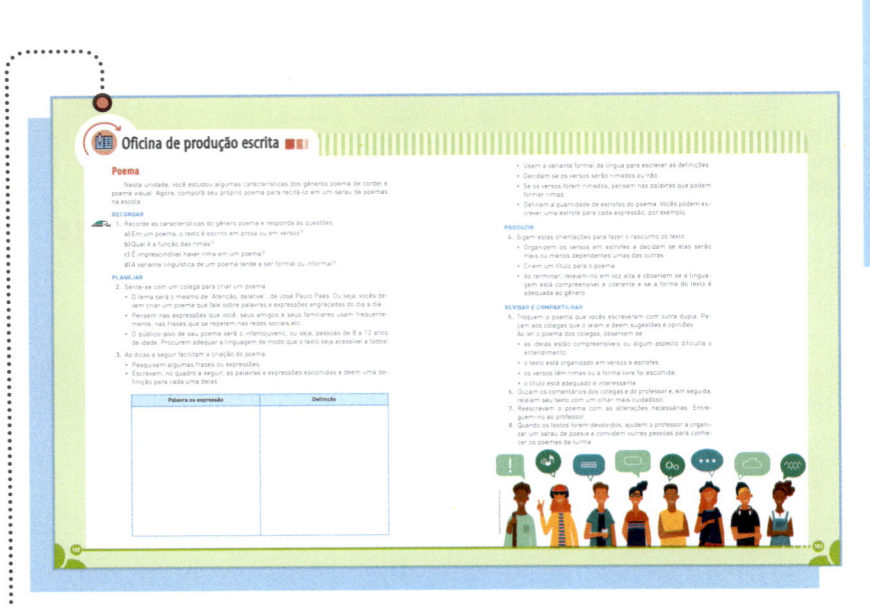

OFICINA DE PRODUÇÃO ESCRITA
Uma seção que convida você e os colegas a colocar a mão na massa, criando e compartilhando textos.

OFICINA DE PRODUÇÃO ORAL

A oportunidade de se expressar, defender
pontos de vista e fazer apresentações:
uma preparação para a sua vida profissional.

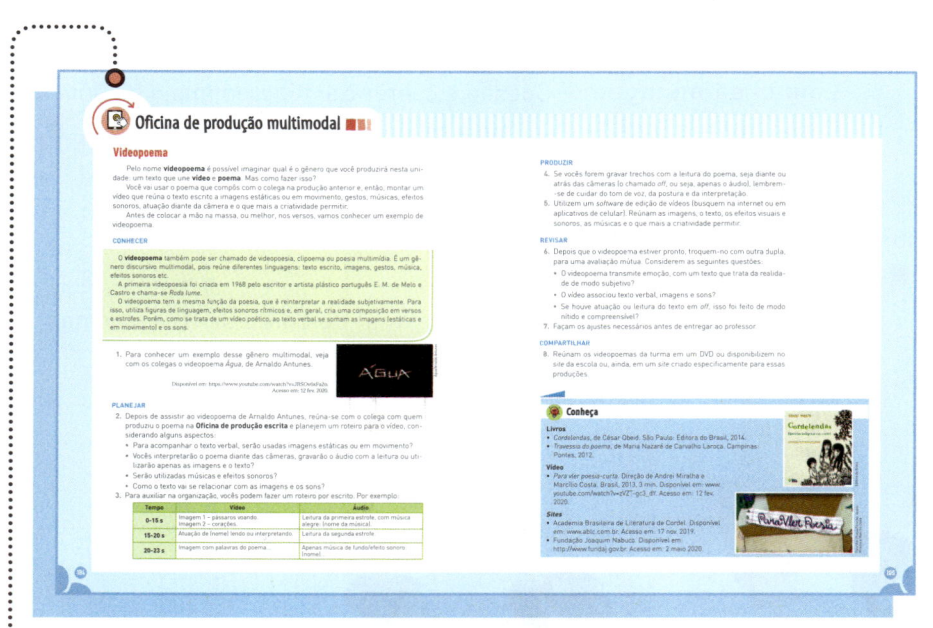

OFICINA DE PRODUÇÃO MULTIMODAL

Em texto escrito, áudio ou vídeo, aqui você
pode mostrar todo o seu talento e criatividade
em produções que envolvem a comunicação.

SUMÁRIO

Fabio Eugenio

UNIDADE 1

Deixa que eu conto

Márcia Zoet/Illumina Imagens

Contar histórias é duplamente uma arte, pois, além de ser uma expressão artística – como a pintura, o cinema ou a música –, a literatura é uma forma de expressão genial. Coisa de artista mesmo!

Os seres humanos gostam de contar histórias há muito tempo. Quando conversamos com alguém, contamos fatos, narramos detalhes de acontecimentos sequenciando os eventos. Essa narração ganha vida, também, por meio da literatura, uma arte milenar que evolui com a sociedade.

Nesta unidade, você vai ler e criar contos. Boa leitura e bons estudos!

Observe a imagem que abre esta unidade e responda:

- O que você imagina que a menina está lendo?
- Como parece que ela está se sentindo na situação vivenciada?
- Você gosta de ler e contar histórias? Por quê?

O que você vai estudar?	O que você vai produzir?
Gêneros	**Oficina de produção**
• Conto	• Conto ou miniconto (escrita)
• Miniconto	• Audiolivro (oral)
Língua e linguagem	
• Tipos de narrador	

Beatriz Caminha Alexandre, Aiuruoca (MG), 2019.

Minhas férias, pula uma linha, parágrafo.

Antes de ler ◼◼◼

1 O texto que você vai ler agora é escrito em prosa ou em versos?

2 Em relação ao gênero textual, o que você acha que lerá?

O primeiro dia de aula é o dia de que eu mais gosto em segundo lugar. O de que eu mais gosto em primeiro é o último dia, porque no dia seguinte chegam as férias.

Os dois são os melhores dias na escola porque a gente nem tem aula. No primeiro dia não dá para ter aula porque o nosso corpo está na escola, mas a nossa cabeça ainda está nas férias. E, no último, também não dá para ter aula porque o nosso corpo está na escola, mas a nossa cabeça já está nas férias.

Era o primeiro dia e era para ser a aula de Português, mas não era porque todo mundo estava contando das férias. E como todo mundo queria contar mais do que ouvir, o barulho na classe estava mesmo ensurdecedor. O que explica o fato de ninguém ter escutado a professora gritando para a gente parar de gritar. Todo mundo estava bem surdo mesmo. Mas quando ela bateu com os livros em cima da mesa a nossa surdez passou e todo mundo olhou para ela.

[...]

Atrás dela, no quadro-negro, eu vi decretado o fim das nossas férias e o fim do nosso primeiro dia de aula sem aula. Estava escrito:

Redação: escrever 30 linhas sobre as férias.

Eu sabia que as férias de ninguém iam ser mais as mesmas na hora que virassem redação. É simples: férias é legal, redação é chato. Quando a gente transforma as nossas férias numa redação, elas não são mais as nossas férias, são a nossa redação. Perdem toda a graça.

[...]

Peguei a caneta. Eu nem sabia mais segurar direito a caneta. Escrevi:

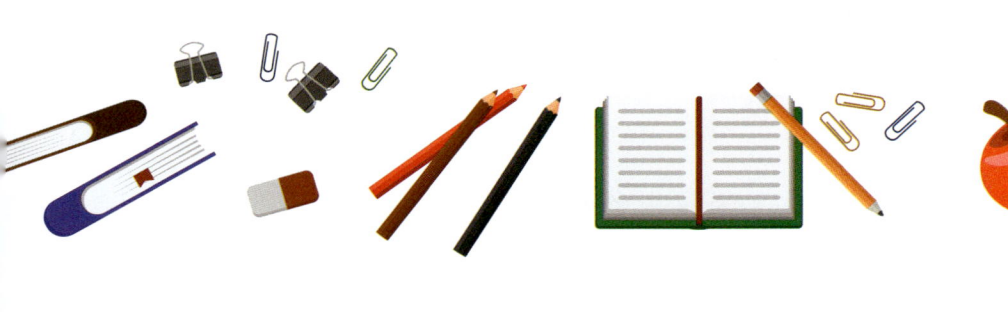

Mas a letra ficou péssima e eu resolvi arrancar a folha para começar bem o meu caderno. E todo mundo olhou de novo para mim, até a professora, que já tinha parado de me olhar.

Troquei a caneta por um lápis, assim se a letra ficasse horrível era só apagar em vez de ter que arrancar outra folha.

Coloquei as minhas férias lá no alto e bem no meio da página. Pulei uma linha. Parágrafo.

Outro problema de transformar as nossas férias em redação é fazer os dois meses caberem nas tais 30 linhas. Porque, se a gente fosse contar mesmo tudo o que aconteceu, as 30 linhas iam servir só para um dia de férias e olhe lá.

E aí você olha para o seu relógio e descobre que as 30 linhas, que pareciam poucas para contar as suas férias, viram muitas porque você só tem mais 15 minutos de aula para fazer a redação.

Começar as férias é a coisa mais fácil do mundo. Em compensação, começar uma redação sobre as férias é tão difícil quanto começar as aulas.

Fiquei me lembrando como é que eu tinha começado as minhas férias de verdade. Assim eu podia começar a redação do mesmo jeito. Mas eu comecei as minhas férias de verdade arrumando a mala para ir para a casa do meu avô. E agora só faltavam 12 minutos para terminar a aula. E em 12 minutos eu não ia conseguir arrumar a mala. Pelo menos não do jeito que a minha mãe gosta que eu arrume. Então decidi começar as férias da minha redação direto da casa do meu avô.

> *Minhas férias*
>
> *Eu sempre adoro as minhas férias na casa do meu avô. Principalmente porque não tem aula.*

Apaguei a 2ª frase.

Minhas férias

Eu sempre adoro as minhas férias na casa do meu avô.

Lá tem um campinho de futebol bem legal e uma turma de amigos bem grande.

Isso é perfeito porque um campinho sem uma turma grande não serve para nada. E uma turma grande sem campinho não cabe em lugar nenhum que não seja um campinho. A gente passa o dia todo jogando futebol e só para de jogar quando está escuro e não dá mais para ver a bola. Então já é hora de jantar.

Depois do jantar os meus melhores amigos da turma vão para a casa do meu avô e a gente pode continuar jogando, só que futebol de botão, que não dá indigestão. Aí, a gente pode jogar até tarde porque no dia seguinte não tem aula. É por isso que férias é bom.

Achei que desse jeito a minha observação a respeito das aulas ficava mais sutil. [...]

Christiane Gribel. *Minhas férias, pula uma linha, parágrafo.*
Rio de Janeiro: Salamandra, 1999. p. 7, 8, 12, 13.

Quem é a autora?

Christiane Gribel é escritora e ganhou o Prêmio Jabuti na categoria de autora revelação. Nasceu no Rio de Janeiro (RJ), em 1968. Estudou Publicidade e trabalhou em algumas agências da área.

Interagindo com o conto

1 Após ler o texto, pode-se inferir que seu objetivo principal é:

a) relatar um acontecimento real.

b) narrar uma história.

c) argumentar sobre um problema.

d) descrever um personagem.

2 Ao contar sua história, o personagem principal utiliza palavras e expressões no **sentido figurado**, ou seja, em um sentido diferente do usual. Explique o sentido dos trechos destacados a seguir.

a)

> No primeiro dia não dá para ter aula porque o nosso corpo está na escola, mas a nossa cabeça ainda está nas férias. E, no último, também não dá para ter aula porque o nosso corpo está na escola, mas a nossa cabeça já está nas férias.

_____

_____

_____

_____

b)

> **Todo mundo estava bem surdo mesmo**. Mas quando ela bateu com os livros em cima da mesa a nossa surdez passou e todo mundo olhou para ela.

_____

_____

_____

_____

c)

> Atrás dela, no quadro-negro, **eu vi decretado** o fim das nossas férias e o fim do nosso primeiro dia de aula sem aula.

_____

_____

_____

_____

_____

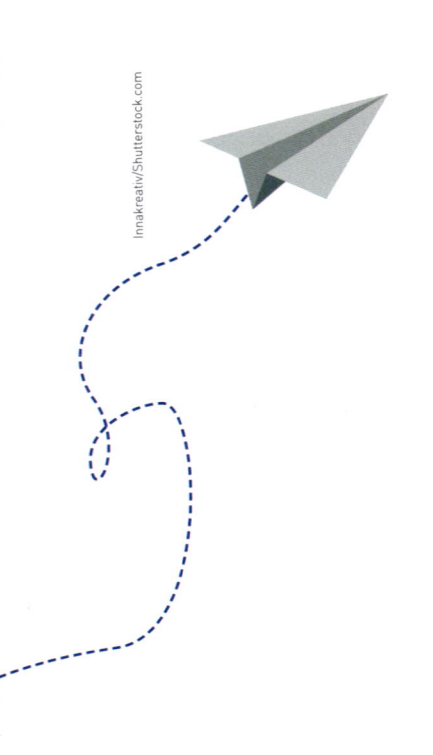

3 Localize no texto o trecho em que o personagem explica a afirmação a seguir e copie-o.

> Eu sabia que as férias de ninguém iam ser mais as mesmas na hora que virassem redação.

_____

_____

_____

_____

_____

4 Releia os trechos.

> O primeiro dia de aula é o dia de que eu mais gosto em segundo lugar. O de que eu mais gosto em primeiro é o último dia, porque no dia seguinte chegam as férias.

> É simples: férias é legal, redação é chato.

> Começar as férias é a coisa mais fácil do mundo. Em compensação, começar uma redação sobre as férias é tão difícil quanto começar as aulas.

a) Identifique nesses trechos e copie três pares de palavras de sentidos opostos.

_____

_____

b) Podemos interpretar o uso desses opostos como uma forma de acentuar os sentimentos do personagem a respeito das aulas e das férias. Quais são esses sentimentos?

_____

_____

_____

O **conto** é um gênero que circula na esfera literária, assim como poemas, letras de canção e romances. É um texto narrativo, portanto seu objetivo principal é contar uma história imaginada pelo autor. Um conto não tem um tamanho delimitado, pode ter apenas uma página, mas também pode ter mais de trinta. Escrito em prosa, o conto tende a ser uma narrativa curta, com poucos personagens e poucas ações.

5 Quem narra uma história é sempre o narrador. Observe a presença do narrador nos dois trechos a seguir.

> O primeiro dia de aula é o dia de que eu mais gosto em segundo lugar. O de que eu mais gosto em primeiro é o último dia, porque no dia seguinte chegam as férias.

> O primeiro dia de aula é o dia de que os alunos mais gostam em segundo lugar. O de que eles mais gostam em primeiro é o último dia, porque no dia seguinte chegam as férias.

- Os dois trechos mostram modos diferentes de narrar uma história. Explique essa diferença.

_____

_____

_____

6 No texto *Minhas férias, pula uma linha, parágrafo.*, o narrador é, também, o personagem principal. No trecho abaixo, que palavras justificam essa afirmação?

> Mas a letra ficou péssima e eu resolvi arrancar a folha para começar bem o meu caderno. E todo mundo olhou de novo para mim, até a professora, que já tinha parado de me olhar.
>
> Troquei a caneta por um lápis [...].
>
> Coloquei as minhas férias lá no alto e bem no meio da página. Pulei uma linha. Parágrafo.

_____

7 Leia o verbete de dicionário a seguir.

> ▶ **verossimilhança [ve·ros·si·mi·lhan·ça] sf. 1.** Qualidade do que é verossímil; VEROSSIMILITUDE; VEROSSIMILIDADE: *Esse filme não tem verossimilhança* **2.** Liter. Numa obra literária, harmonia entre os elementos fantasiosos ou imaginários que sejam determinantes no texto; COERÊNCIA [F.: *De verossímil(h) + ança.*]

Verossimilhança. *Aulete digital.*
Disponível em: http://www.aulete.com.br/verossimilhan%C3%A7a. Acesso em: 12 mar. 2020.

- Em sua opinião, o texto é uma história verossímil? Justifique.

_____

_____

_____

8 Nesse conto, podemos dizer que há uma história (a redação) sendo narrada dentro de outra história.

a) Onde e quando se passam os acontecimentos da história principal? E os da história secundária (a redação)?

_____

_____

_____

_____

_____

b) As duas histórias têm o mesmo narrador ou narradores diferentes?

_____

_____

c) Quem é o leitor da história principal? E quem é o leitor da redação?

_____

_____

_____

_____

_____

_____

Etapas do enredo

A sequência de ações em uma narrativa, o que chamamos de enredo, segue algumas etapas. Veja quais são as principais:

- **Introdução** – o narrador apresenta os personagens, situa a narrativa no tempo e no espaço, além de indicar as circunstâncias iniciais que vão constituir o enredo.
- **Complicação** – surge um problema ou conflito, algo que altera o equilíbrio inicial da narrativa e surpreende o leitor.
- **Clímax** – chega o momento de maior tensão, que poderá levar à solução do problema.
- **Desfecho** (ou **conclusão**) – ocorre o final da história e a solução do conflito.

9 Nos contos, o personagem principal pode passar por uma situação diferente das que vive habitualmente. Pode ser um mal-entendido, uma aventura, um perigo. Você acabou de ler o início de um conto. Que acontecimentos você acha que o personagem vai vivenciar?

_____

_____

_____

_____

10 Conheça agora a continuação da redação "Minhas férias", do conto *Minhas férias, pula uma linha, parágrafo.*

Teve um dia que eu fiz um golaço. Não no futebol de botão, no de verdade.

O gol veio de um passe de craque do Paulinho, que é meu melhor amigo entre os meus melhores amigos da turma. Você sabe que para jogar futebol não adianta ser só bom de bola. Tem que ter tática.

O Paulinho driblou um, dois e eu vi que ele ia passar pelo terceiro. Ele também me viu. Aí eu me enfiei pela esquerda e recebi a bola. Chutei direto. Eu fiz um golaço tão grande que até furou a rede e estilhaçou em mil pedaços a janela do vizinho.

Deu a maior confusão porque enquanto a turma pulava o vizinho apareceu bravo com a bola embaixo do braço e a mulher dele veio atrás. Eu tive até que parar com a minha comemoração. Mas a mulher do vizinho, que veio atrás dele, falou para ele que criança é assim mesmo e que a gente estava só se divertindo e que ninguém fez aquilo de propósito. E era verdade mesmo, porque a culpa não foi nossa de a rede ter furado. E aí acabou ficando tudo bem. O meu vizinho devolveu a bola, verificou a rede e disse que o meu gol foi mesmo um golaço, mas que era para a gente tomar mais cuidado com as janelas das casas ao lado.

O sinal tocou bem nessa hora. Eu nem contei quantas linhas eu tinha escrito porque não ia dar tempo de mudar nada mesmo. Arranquei a folha e dei as minhas férias para a professora.

Christiane Gribel. *Minhas férias, pula uma linha, parágrafo.* São Paulo: Salamandra, 1999. p. 7, 8, 12, 13.

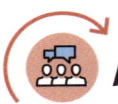

Antes de ler ▪▪▪

1 Observe os textos que você vai ler agora. Eles são escritos em prosa ou em versos?

2 Pela forma de apresentação dos textos, o que você acha que lerá agora?

Etta James (1938-2012) foi uma cantora de *blues* estadunidense.

Robert Plant (1948-) é um cantor e compositor britânico conhecido por seu trabalho como vocalista da banda de *rock* Led Zeppelin.

Texto 2

Gabriela acordou cedo e colocou a mesa do café do lado de fora. Estendeu a toalha, dispôs sua melhor porcelana, preparou um bule de chá verde e ordenou os talheres ao lado do prato vazio. Enquanto esperava o amanhecer, buscava um padrão no canto dos pássaros, só para matar o tempo. Imaginava ouvir uma frase de Etta James aqui, um agudo de Robert Plant ali. Isso a fazia rir em silêncio. Quando o sol enfim nasceu, colocou-o no prato e, corpo aprumado, serviu-se de uma generosa fatia. Queimou a língua.

W. Del Guiducci. *Blog* Curto & Osso.
Disponível em: http://curtoeosso.blogspot.com/2015/. Acesso em: 23 out. 2019.

Texto 3

A cada vez que o repórter perguntava por que o velho resolvera viver sozinho naquela choupana no alto da serra da Ilha do Cardoso, a 23 quilômetros da **comunidade caiçara** mais próxima, ele desconversava e voltava a falar da invasão de especuladores com a desculpa de pesquisar ruínas do período colonial. Só por isso aceitara dar entrevista. A perna do velho atada com corda de bananeira e gravetos de quaresmeira, o repórter:

— Quebrou?
— Num sei. Mas tem conserto.
— Tem?
— Fio, pra quase tudo nessa vida tem remendo. De menos pro que palavra quebra.

W. Del Guiducci. *Blog* Curto & Osso.
Disponível em: http://curtoeosso.blogspot.com/2015/. Acesso em: 5 ago. 2019.

Glossário

comunidade caiçara: comunidade formada por habitantes das zonas litorâneas. Sua origem remonta à colonização brasileira, pois os ditos caiçaras eram indígenas que nasceram da miscigenação com brancos portugueses (colonizadores).

Quem é o autor?

W. Del Guiducci nasceu e mora em Juiz de Fora (MG). Formado em Comunicação Social (Jornalismo) pela Universidade Federal de Juiz de Fora, é doutor em Estudos Literários pela UFJF. Trabalha como editor de conteúdo do *site* do jornal *Tribuna de Minas* (Juiz de Fora, MG). Autor dos livros *Curto & osso* (2016) e *Histórias do nosso polo* (2011), tem experiência também como quadrinista, ilustrador, redator publicitário, letrista, cantor e compositor.

Interagindo com os minicontos

1 O objetivo comunicativo dos textos é:

a) narrar histórias de ficção.

b) relatar fatos reais.

c) argumentar sobre um tema.

d) descrever um personagem.

2 Além de ter personagem(ns) e um acontecimento narrado em sequência, os textos narrativos muitas vezes situam a história no tempo e no espaço.

a) Que expressões indicam tempo no **texto 2**?

_____

_____

_____

b) Que expressões indicam espaço no **texto 3**?

_____

_____

_____

_____

3 Releia a fonte dos minicontos e responda: de que maneira o título do *blog* de que os textos foram tirados remete ao gênero?

_____

_____

_____

_____

_____

4 Releia este trecho do **texto 2**:

> Estendeu a toalha, **dispôs** sua melhor porcelana, preparou um bule de chá verde e **ordenou** os talheres ao lado do prato vazio.

- **Dispor** e **ordenar** significam, respectivamente:

a) colocar e organizar.

b) dizer e pedir.

c) esconder e falar.

d) colocar e mandar.

5 Leia novamente o desfecho do **texto 2** e responda ao que se pede.

a) O que é um "corpo aprumado"?

_____

_____

b) Em "colocou-o no prato", que palavra o pronome **o** retoma?

_____

c) Uma das características dos textos literários é o fato de serem fruto da criação de um autor. Assim, muitas vezes, há situações ficcionais, incomuns à realidade, mas possíveis e compreensíveis no contexto narrativo. De que maneira esse traço se confirma no **texto 2**?

_____

_____

_____

Para resolver as questões de 6 a 9, volte a ler o **texto 3**.

6 O personagem protagonista do miniconto é:

a) um especulador imobiliário.

b) um repórter.

c) um velho caiçara.

d) uma comunidade caiçara.

7 O segundo miniconto apresenta <mark>discurso direto</mark>. Exemplifique com trechos do texto.

_____

_____

_____

_____

_____

_____

_____

> **Discurso direto** é a transcrição exata da fala do personagem, sem que haja interferência do narrador. Geralmente, é indicado por um travessão no início dos parágrafos ou entre aspas.

8 Identifique marcas de oralidade no diálogo entre os personagens. Em seguida, explique se são adequadas ao contexto.

_____

_____

_____

_____

_____

_____

9 Explique o desfecho do **texto 3**.

_____

_____

_____

10 Com base nas atividades anteriores, recorde a estrutura do miniconto e marque **X** nas características corretas.

☐ É escrito em prosa.

☐ É um texto curto, ainda menor que o conto.

☐ Apresenta diversos personagens.

☐ Apresenta apenas um trecho de uma história maior.

☐ É escrito em versos e estrofes.

☐ É um texto longo.

☐ Costuma apresentar personagens.

☐ Em geral, apresenta uma história completa.

> O **miniconto**, também conhecido como **microconto**, **nanoconto** ou **micronarrativa**, não é classificado como um gênero literário, mas como uma variação do gênero **conto**. Alguns teóricos defendem que, para ser caracterizado como micronarrativa, o texto deve ter no máximo 150 caracteres (incluindo espaços). Outros defendem que o escritor tem plena liberdade para escrever, seja quanto ao estilo, seja quanto ao tamanho do texto. Costuma-se relacionar as micronarrativas, com seus brevíssimos textos, ao ritmo intenso da vida contemporânea.

Os textos e os campos de atuação

Todo texto pertence a um gênero textual, de acordo com seu formato e suas características. Ele pode ser um conto, uma letra de canção, uma receita de bolo etc. O objetivo comunicativo de um texto indica a que tipologia ele pertence, que pode ser narrativa, argumentativa, expositiva etc. Além disso, é preciso considerar onde esse texto circula, ou seja, o contexto, a situação social em que é utilizado, o que é chamado de **campo de atuação**. Ao longo do ano, vamos trabalhar com quatro campos:

 Campo artístico-literário

 Campo jornalístico-midiático

 Campo das práticas de estudo e pesquisa

 Campo de atuação na vida pública

O conto e os minicontos que você estudou nesta unidade pertencem ao campo artístico-literário, que corresponde a uma experiência estética e de fruição com a leitura e a produção de textos relacionados à literatura e às artes. Outros gêneros do campo artístico-literário são as fábulas, os poemas, os cordéis, as tirinhas etc.

Conto e miniconto

Conto e **mini-conto** pertencem à tipologia narrativa e ao campo de atuação artístico-literário.

1 Leia o mapa mental a seguir. Você pode consultá-lo sempre que quiser se lembrar dos elementos principais desses gêneros.

Joana Resek

2 Em cada unidade deste livro, você vai estudar textos de diferentes gêneros do discurso. Nesta unidade, por exemplo, você conheceu um pouco mais sobre dois gêneros da esfera literária: conto e miniconto. É importante entender que os gêneros se agrupam em tipologias textuais: os gêneros conto e miniconto têm como objetivo principal **narrar** uma história, são **textos narrativos**.

Para compreender melhor a relação entre os gêneros estudados nesta unidade, bem como a tipologia e o campo de atuação a que pertencem, complete o quadro da próxima página com o título e o gênero, de acordo com o objetivo principal para o qual foram escritos. Observe os ícones que acompanham os textos, indicando o campo de atuação a que pertencem.

Lembre-se: você voltará a este quadro, ao final de cada unidade, para incluir os gêneros estudados.

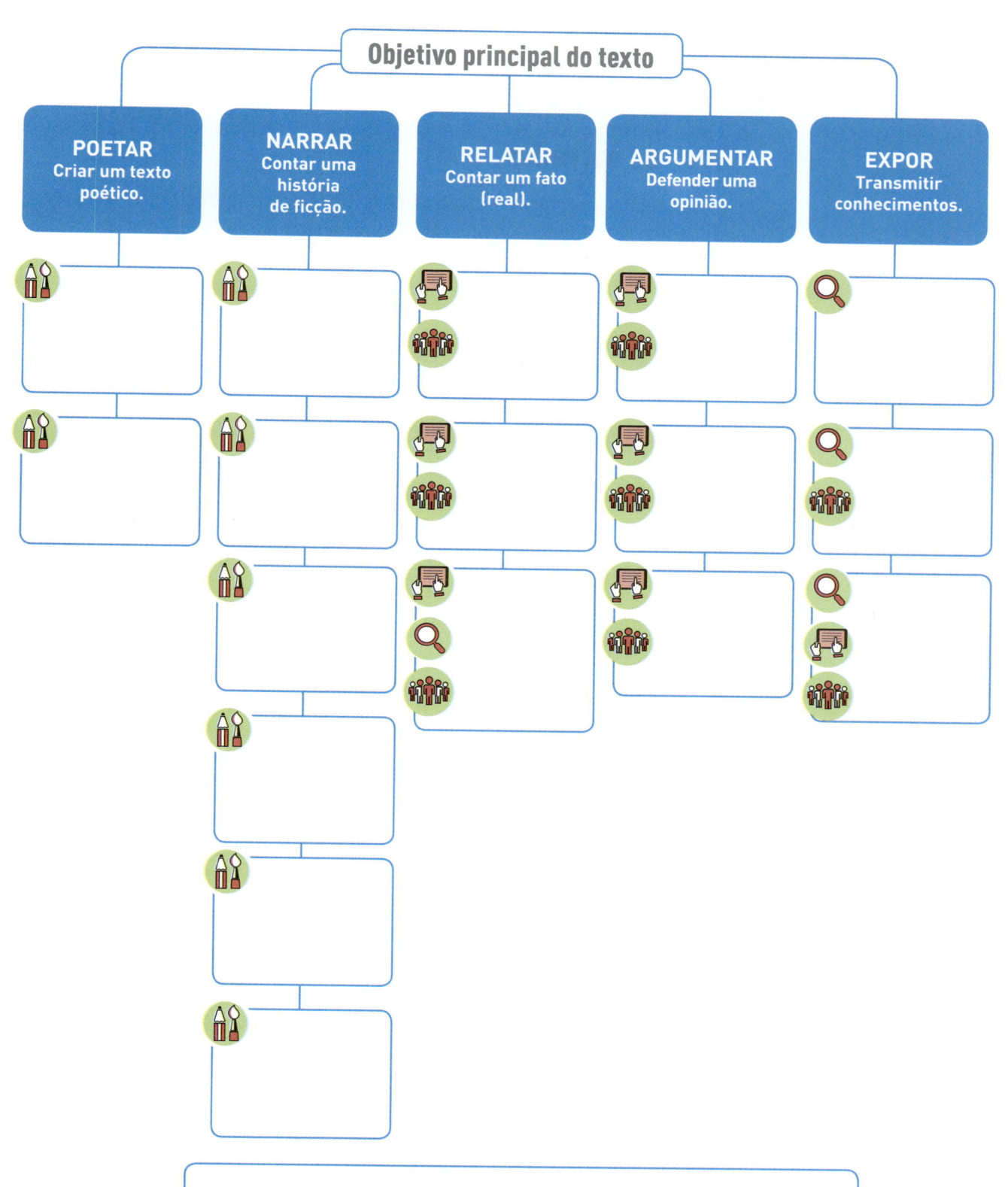

Objetivo principal do texto

POETAR — Criar um texto poético.

NARRAR — Contar uma história de ficção.

RELATAR — Contar um fato (real).

ARGUMENTAR — Defender uma opinião.

EXPOR — Transmitir conhecimentos.

Campos de atuação

Campo artístico-literário

Campo jornalístico-midiático

Campo das práticas de estudo e pesquisa

Campo de atuação na vida pública

Tipos de narrador

Os textos narrativos têm um narrador, que é quem conta a história. Releia um fragmento do conto *Minhas férias, pula uma linha, parágrafo.*, observando a presença do narrador, para responder às questões 1 e 2.

> O primeiro dia de aula é o dia de que eu mais gosto em segundo lugar. O de que eu mais gosto em primeiro é o último dia, porque no dia seguinte chegam as férias.
>
> Os dois são os melhores dias na escola porque a gente nem tem aula. No primeiro dia não dá para ter aula porque o nosso corpo está na escola, mas a nossa cabeça ainda está nas férias. E, no último, também não dá para ter aula porque o nosso corpo está na escola, mas a nossa cabeça já está nas férias.

1 A narração do conto é feita em 1ª ou 3ª pessoa?

_____

_____

_____

2 Imagine que a professora é a narradora da história. Reescreva o trecho citado acima, fazendo as alterações necessárias para que seja mudado o tipo de narrador.

_____

_____

_____

_____

_____

_____

_____

_____

_____

_____

_____

_____

_____

Chama-se **foco narrativo** o ponto de vista a partir do qual o narrador conta uma história.

Foco narrativo em 1ª pessoa

Narrador-personagem

- Narrador é também um dos **personagens**.
- Ele conta de acordo com sua **visão dos fatos**.

Foco narrativo em 3ª pessoa

Narrador-observador

- Apenas **apresenta** a sequência de acontecimentos.
- **Não** demonstra envolvimento pessoal com o que narra.

Narrador onisciente

- Conhece **sentimentos e pensamentos dos personagens** e os narra ao leitor.

3 Leia o trecho de outro miniconto do *blog* Curto & osso.

Hoje eu me lembrei da Alice. Fazia tempo que não pensava nela. Há anos nem o cheiro de couro molhado pela chuva a resgatava das cavernas onde se escondem as minhas memórias.

Na verdade, não me lembrei dela, eu acho.

Me lembrei do medo que ela tinha de uma doença degenerativa nos tendões do braço, não sei se o esquerdo ou o direito. O medo que ela tinha de sua mão ir definhando, retorcendo e secando até virar uma garra de ave de rapina empalhada.

É. Não me lembrei dela.

Me lembrei do medo dela.

Como se fosse

um medo

meu.

W. Del Guiducci. *Blog* Curto & osso. Disponível em: http://curtoeosso.blogspot.com/2013/. Acesso em: 23 out. 2019.

a) Qual é o tipo de narrador? Transcreva do texto expressões que o ajudaram a identificá-lo.

_____

_____

_____

b) Observe o formato desse miniconto e levante hipóteses: por que vai diminuindo, como se o texto afinasse?

_____

_____

_____

_____

_____

_____

_____

Oficina de produção escrita

Conto ou miniconto

Contar histórias é uma das atividades mais antigas da humanidade. Com o objetivo de divertir, emocionar ou assustar, as histórias ensinam e aproximam as pessoas.

Então, convidamos você a escrever um conto ou um miniconto para ser lido em sala ou em algum evento realizado na escola. Para isso, será necessário preparar a leitura, dando entonação de suspense ou levando os ouvintes a achar graça, a emocionar-se... A entonação da leitura deve corresponder à intenção que você quis manifestar. Vamos lá?

RECORDAR

1. Para que seu trabalho de escrita e apresentação seja um sucesso, vamos recordar características importantes de textos do gênero. Para isso, complete as lacunas:

- Os contos e os minicontos são textos narrativos, por isso apresentam

  _____ que se envolvem em uma ação inicial.

- Muitas vezes, o narrador também apresenta informações sobre o tempo (o momento

  em que os fatos sucedem) e o _____ (onde ocorrem).

- A história pode ter ou não _____,

  ou seja, discurso direto.

- Os contos e minicontos contêm um _____, ou seja,
  uma sequência de fatos/acontecimentos.

- Quem conta a história é o narrador, que pode usar a _____ ou
  a 3ª pessoa.

- O enredo costuma ser composto de um _____,
  uma situação-problema, que pode criar tensão no início da narrativa. Essa situação

  geralmente chega ao _____, o momento de maior tensão

  no texto, e, depois, à solução do conflito, chamada _____.

Fabio Eugenio

2. Um dos desafios dessa produção é escrever uma narrativa observando de que forma você pode explorar o tipo de narrador.

   - Se o narrador for também personagem, você deverá explorar o que ele pensa e sente em relação aos fatos apresentados.

   - Se o narrador for onisciente, além de contar a história, você deverá apresentar os acontecimentos e expressar os sentimentos dos personagens envolvidos nesses acontecimentos.

3. Faça um esboço no caderno, escolhendo os personagens e pensando nas característi-cas e na importância que eles têm na história. Em seguida, crie um fato para dar início ao enredo, tendo em mente também o elemento que se apresentará logo no início para que ocorra um problema, um conflito.

   - Você pode apresentar dados sobre o momento e o lugar em que se passa a história.

   - Decida se o texto terá ou não diálogos.

   - Após elaborar o conflito, estabeleça a tensão maior (clímax) e comece a desenrolar o desfecho.

4. Se sua opção for escrever um miniconto, todos esses elementos deverão ser apresen-tados de maneira concisa, resumida, e alguns deles poderão até mesmo não aparecer.

PRODUZIR

5. Depois de planejar, é hora de escrever o rascunho: o enredo da história pode ser envol-vente, intrigante, ou despertar interesse no leitor pela sequência de fatos engraçados, pelo suspense... É importante que o leitor se surpreenda com os rumos que a narrativa tomará.

REVISAR E COMPARTILHAR

6. Troque seu rascunho com um colega: ele vai ajudar a avaliar sua narrativa, e você fará o mesmo com o texto dele.

   Observem, por exemplo:

   - O narrador está bem caracterizado, em 1ª ou 3ª pessoa?

   - Há conflito, clímax ou desfecho? Há coerência na sequência narrada?

   - A narrativa está interessante? Desperta o interesse do leitor?

   - Há respeito à norma-padrão, principalmente em relação à pontuação e à concordância?

7. Após ter recebido as observações do colega, faça as alterações necessárias e passe o texto a limpo em uma folha à parte. Depois, entregue-o ao professor, que também po-derá sugerir algumas modificações.

8. Finalizado o texto, guarde-o, pois ele será utilizado para a produção de texto oral desta unidade. Além do audiolivro que será produzido em seguida, é possível compartilhar as narrativas por meio de um momento de contação de histórias. Converse com o profes-sor e, juntos, decidam qual é a melhor maneira de organizar uma "contação de histó-rias" na sala ou na escola.

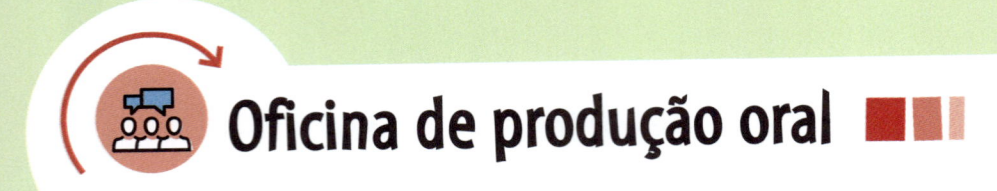

Oficina de produção oral ▪▪▪

Audiolivro

Depois de escrever um conto ou miniconto, você e sua turma vão reunir todas as produções da classe em um audiolivro.

Observe que o próprio nome já indica o que ele é. A palavra audiolivro é formada por "áudio" e "livro", ou seja, significa um livro em áudio. Se você achava que só existia livro em papel, saiba que, com o uso cada vez maior de tecnologias digitais, surgiram livros em novos formatos.

> O **audiolivro** (do inglês *audiobook*) surgiu entre as décadas de 1980 e 1990, quando era gravado em fitas cassetes e/ou em CDs. Atualmente, os audiolivros são gravados em formato digital e podem conter variados efeitos sonoros, como vozes diferentes para cada personagem e trilhas musicais. Por isso, além de facilitarem o acesso de pessoas com deficiência visual à literatura, eles tornam-se uma alternativa para quem prefere ouvir um livro, caso não possa lê-lo.

PLANEJAR

1. Para a produção do audiolivro, você vai utilizar o conto ou miniconto que escreveu. Depois de fazer a reescrita conforme as sugestões do professor, releia o que você produziu.

2. Um audiolivro não é apenas a leitura simples do texto. Ele está mais próximo da leitura teatral, com entonações adequadas a cada parte do texto, de acordo com a pontuação e as pausas para respiração.

3. Como o texto será ouvido, é preciso produzir o áudio de maneira que os ouvintes sejam capazes de visualizar os acontecimentos, como se estivessem lendo. Então, faça vozes diferentes para cada personagem de acordo com suas características (mulher ou homem, criança ou idoso etc.).

4. Inclua músicas de fundo e efeitos sonoros tanto para tornar a experiência mais agradável para os ouvintes como para deixar mais claro o que está acontecendo (barulho de chuva caindo, de uma porta batendo, entre tantas outras possibilidades).

5. Ensaie a leitura com as diferentes vozes dos personagens e os efeitos sonoros.

PRODUZIR

6. Há três possibilidades de organização da trilha sonora:

- Baixar músicas e sons disponíveis na internet e reproduzi-los no momento da gravação da leitura.

> Alguns *sites*, como o YouTube, disponibilizam **áudios gratuitos**. Acesse: *Biblioteca de áudio*. Disponível em: https://www.youtube.com/audiolibrary/music?nv=1. Acesso em: 23 out. 2019.

- Gravar os efeitos sonoros com um celular utilizando diferentes objetos (sacudir um pedaço de metal para reproduzir o som de tempestade, bater cascas de coco na madeira para imitar o som de patas de cavalo etc.) e reproduzi-los no momento da gravação da leitura.

> Conheça a página do Instagram de Stefan Fraticelli, *designer* de sons que cria **efeitos sonoros** para filmes há mais de 20 anos.
> Acesse: *Oddiostudio*. Disponível em: https://www.instagram.com/oddiostudio/?utm_source=ig_embed. Acesso em: 31 out. 2019.

- Produzir os efeitos sonoros ao vivo, durante a leitura. Para isso, você precisará deixar separados os materiais de que vai precisar e pedir o auxílio de um colega para fazer os sons enquanto você lê a narrativa.

7. Grave a leitura do seu conto ou miniconto com um celular atentando para alguns aspectos:

- Postura: fique em pé, em postura ereta, para ter mais controle corporal ao ler o texto.

- Tom de voz: no caso da leitura de textos, a voz deve ser clara e compreensível, com ritmo adequado à entonação.

- Leitura: digite o texto ou o escreva em letras grandes, pois isso evita que você se confunda ao ler. Atente para a entonação das frases, se são interrogativas ou exclamativas, e coloque essa intenção na sua voz. Leia com calma, respeitando as pausas curtas, indicadas pelas vírgulas, ou as pausas longas, de acordo com os pontos finais.

8. Inclua os efeitos e as trilhas sonoras no decorrer da leitura.

REVISAR

9. Troque a gravação do seu áudio com um colega. Ao ouvir, vocês devem estar atentos para os seguintes pontos:
   - A leitura está clara e pode ser bem compreendida, com as entonações adequadas?
   - Há variação de vozes para os personagens?
   - Há sons que indicam ações dos personagens na narrativa?
   - Os sons estão compreensíveis e claros?
   - A trilha musical e os efeitos sonoros estão adequados à leitura da narrativa?

10. Avise seu colega se você identificar que algum desses aspectos precisa ser melhorado. Faça você, também, as alterações que ele sugerir. Grave um novo áudio, se necessário.

COMPARTILHAR

11. Todas as produções da turma devem ser reunidas em um audiolivro, que pode ser compartilhado no *blog* ou no *site* da escola ou enviado para seus amigos, via redes sociais.

 Conheça

Livros
- *Paisagens e outras histórias de ler juntos*, de Andréa Pelagagi. São Paulo: Girabrasil, 2018.
- *Vozes roubadas* – diários de guerra, organizado por Zlata Filipović e Melanie Challenger. São Paulo: Companhia das Letras, 2008.

Filmes
- *Lisbela e o prisioneiro*, direção de Guel Arraes. Brasil, 2003, 106 min.
- *O palhaço*, direção de Selton Mello. Brasil, 2011, 90 min.

Site
- Biblioteca USP – Clássicos da literatura brasileira em audiolivro. Disponível em: https://www.bbm.usp.br/pt-br/. Acesso em: 6 dez. 2019.

Girabrasil

Globo Filmes

UNIDADE 2

Histórias e paródias

Márcia Zoet/Illumina Imagens

Há histórias, como *Os três porquinhos* ou *Cinderela*, que são passadas de geração a geração. Elas estão presentes em nossa vida porque foram contadas para nós desde que éramos muito pequenos.

Essas narrativas, que eram orais, passaram a ser escritas e transmitidas de diferentes maneiras. Por isso, atualmente, elas têm muitas versões diferentes. Além disso, alguns escritores recriaram essas histórias, inventando novos finais ou inserindo outros personagens.

Nesta unidade, vamos conhecer algumas histórias criadas com base em textos conhecidos. Divirta-se!

Observe a foto e leia a legenda.

- **Descreva a cena. Quais são as suas impressões sobre a situação retratada?**
- **Como as pessoas fotografadas parecem se sentir? Por quê?**
- **Dos chamados contos clássicos, como *Chapeuzinho Vermelho*, *Branca de Neve e os sete anões*, entre outros, de qual você mais gosta? Por quê?**

O que você vai estudar?	O que você vai produzir?
Gêneros	**Oficina de produção**
• História em quadrinhos	• Paródia de um conto clássico (escrita)
• Paródia de fábula	• Festival de paródias (oral)
Língua e linguagem	
• Marcadores de tempo e de lugar nas narrativas	

A professora Walkíria dos Santos Pessôa com os alunos Iandeara Raeder Silva, Gabriel Zahra Gradim, Malca Biehler Navarrete e Gabriel Raeder Dalmasso. Aiuruoca (MG), 2019.

Antes de ler ■▮■

1 Que nome recebem os textos como este que você vai ler?

2 Leia o título e responda: o que será que o texto conta?

3 Qual é o objetivo principal do texto, ou seja, a finalidade para a qual foi criado?

E ESSE RATINHO NUM GALANTE COCHEIRO!

E PRA TERMINAR, TRANSFORMO UMA ABÓBORA NUMA CARRUAGEM!

UÉ! MAS CADÊ A ABÓBORA QUE DEVIA ESTAR AQUI? SUMIU?

SEM ELA, NÃO VOU PODER FAZER A MINHA MÁGICA!

E EU NÃO VOU PODER IR AO BAILE!

NEM PERDER UM DOS MEUS SAPATOS DE CRISTAL!

NEM CASAR COM O PRÍNCIPE!

BUÁÁ!!

CADÊ A ABÓBORA? CADÊ?

ALI PERTO...

AH, AH, AH, AH, AH...

FINALMENTE TERMINEI A MINHA POÇÃO MÁGICA!

AGORA SÓ PRECISO ENVENENAR UMA MAÇÃ, DAR À BRANCA DE NEVE E...

...SER A MAIS BELA! AH, AH, AH, AH, AH, AH, AH!

OH, NÃO!!

OLHA SÓ O QUE RESTARAM DAS MAÇÃS!!

₩₴#🌀💀!

QUEM FOI QUE COMEU AS MAÇÃS?

QUEM FOI?

NA CASA DA AVÓ DE CHAPEUZINHO...

OH, VOVÓ! QUE OLHOS GRANDES VOCÊ TEM! QUE NARIZ ENORME! QUE ...

PODE PARAR COM ESSE PAPO FURADO, CHAPEUZINHO VERMELHO!

PASSE LOGO PRA CÁ OS DOCES QUE SUA MÃE MANDOU!

UÉ!!

SUMIRAM!

ESTRANHO!

NÃO SEI COMO ISSO FOI ACONTECER!

BUÁ'Á'A'!! QUERO OS DOCINHOS!

EU QUERO!

NA FLORESTA...

EI, DONA! SOMOS JOÃO E MARIA!

ESTAMOS À PROCURA DE UMA CASA DE CHOCOLATE!

POR ACASO A SENHORA SABE ONDE FICA?

DEVIA ESTAR AQUI! MAS ALGUÉM A COMEU TODINHA!

NEM SOBRARAM OS MÓVEIS, QUE ERAM FEITOS DO MAIS PURO FUBÁ!

FIQUEI AO RELENTO!

BUÁÁÁ!!

BUÁÁÁ!

NA CIDADE...

EI, GAROTO! QUER COMPRAR UNS FEIJÕES MÁGICOS?

VAI NASCER UMA BAITA ÁRVORE QUE CRESCERÁ ATÉ AS NUVENS, ONDE MORA UM GIGANTÃO...

...QUE TEM UMA PATA QUE BOTA OVOS DE OURO!

OBA! VOU PLANTAR AGORA MESMO!

EPA!! MAS CADÊ OS FEIJÕES?

FUNC! FUNC!

QUE CHEIRO É ESTE?

PARECE FEIJOADA!

Mauricio de Sousa. *Mônica*: fábulas. São Paulo: Globo, 2003. (Coleção Um Tema Só).

Quem é o autor?

Mauricio de Sousa nasceu em Santa Isabel, São Paulo. Começou a desenhar histórias em quadrinhos em 1959, as quais eram estreladas pelo personagem Bidu. Ganhou fama internacional com a Turma da Mônica, lançada em 1970, cujos personagens se tornariam, entre outros, protagonistas de roteiros de cinema e jogos de *video game*.

Interagindo com a HQ

1 Releia o título do texto. Em seguida, leia o verbete abaixo.

> ▶ **desconto s.m. 1.** redução numa soma ou no total de uma conta ou quantia; abatimento.

Antônio Houaiss e Mauro de Salles Villar. *Minidicionário Houaiss da Língua Portuguesa*. 3. ed. Rio de Janeiro: Objetiva, 2008. p. 229.

a) A palavra **descontos** presente no título tem o mesmo significado que o apresentado no dicionário? Por quê?

_____

_____

_____

_____

b) Com base na reflexão anterior, volte a pensar no título do texto. Qual é a função da partícula **des-** em "Contos e descontos"?

_____

_____

_____

_____

c) Observe as palavras a seguir e responda à questão:

harmonia × desarmonia   confiança × desconfiança

amor × desamor   abrigado × desabrigado

- A partícula **des-**, quando usada no início de um vocábulo, dá a ele um sentido especial. Que diferença de sentido há entre as palavras do quadro acima?

_____

_____

_____

2 Pela leitura da história em quadrinhos, entende-se que o desaparecimento dos alimentos é causado:

a) por ações mágicas das bruxas.

b) por atos benevolentes das fadas.

c) por erros dos personagens.

d) pelo apetite incontrolável da personagem Magali.

3 Em cada uma das histórias clássicas citadas na história em quadrinhos, acontece algo diferente. Associe cada história ao acontecimento relacionado a ela.

a) História da Cinderela

b) História da Branca de Neve

c) História da Chapeuzinho Vermelho

d) História de João e Maria

e) História da Rapunzel

f) História de João e o pé de feijão

☐ Desaparecimento dos feijões.

☐ Desaparecimento dos doces.

☐ Desaparecimento dos alimentos da despensa.

☐ Desaparecimento das maçãs.

☐ Desaparecimento da casa de chocolate.

☐ Desaparecimento da abóbora.

4 Observe os quadrinhos e faça o que se pede.

a) Descreva o que acontece na cena.

_____

_____

_____

_____

b) Por meio de quais recursos gráficos conseguimos identificar as ações da bruxa?

_____

_____

_____

_____

> Os **recursos gráficos** ajudam a representar as ações e os sentimentos dos personagens na narrativa.
>
> Assim como as expressões faciais, alguns dos recursos gráficos utilizados nas HQs são: traços, estrelinhas, fumaças etc., além de balões e letras de diferentes tipos e tamanhos.

5 A história em quadrinhos "Contos e descontos" apresenta vários trechos de contos de fadas. Para passar de uma história a outra, na maior parte das vezes o autor destaca informações sobre a mudança dos lugares em que as cenas se passam.

a) O quadro a seguir trata das histórias citadas na HQ. Complete as lacunas de acordo com o que se pede.

	"Desconto" da Chapeuzinho Vermelho	"Desconto" de João e Maria	"Desconto" de João e o pé de feijão
Lugar			
Personagens			

b) Como identificamos os lugares onde as histórias se desenvolvem?

_____

_____

_____

c) Por que a apresentação dessa sequência de lugares é importante para a organização do texto narrativo?

_____

_____

_____

_____

_____

6 A presença do narrador, nas HQs, é expressa graficamente:

- Por uma narração em um **balão sem rabicho**.
- Por meio do **balão do narrador**, usado em geral para indicar um lugar, um momento ou expor alguma conclusão.

- A história em quadrinhos é um texto narrativo, assim como os contos estudados na **Unidade 1**. Vamos recordar alguns elementos das narrativas com base nessa história? Complete adequadamente as lacunas a seguir.

a) São _____ da história em quadrinhos:

_____ e a Fada Madrinha; Branca de Neve e a bruxa; Chapeuzinho Vermelho e o lobo; João, Maria e a bruxa;

Rapunzel e seu pai; _____ e o vendedor de feijões mágicos; Magali.

b) _____ é a personagem principal, a

_____ do texto.

c) Os lugares que aparecem ao longo da _____

em _____ são diferentes uns dos outros, pois os vários personagens passam por diferentes situações.

d) O fato gerador da história é _____

_____

_____

_____

Antes de ler ▪▪▪

O texto que você vai ler é uma paródia de uma <mark>fábula</mark> muito famosa. Leia o título e as informações contidas na fonte do texto. Em seguida, responda oralmente às questões:

1 O título faz você se lembrar de outro texto conhecido? Qual? O que você sabe sobre ele?

2 Que outras fábulas você conhece?

Fábula é uma narrativa literária que tende a ser curta, escrita em prosa ou verso, e cujos personagens são animais com características e comportamentos semelhantes aos dos seres humanos. No desfecho das fábulas, em geral é transmitida uma mensagem, uma lição de moral.

Entre cigarras e formigas

E, enquanto a Formiga trabalhava, a Cigarra cantava, cantava... Mas quando chegou o inverno, lá foi a Cigarra bater à porta da Formiga para pedir-lhe comida...

— E a Formiga, dona Filó, deu ou não deu comida pra Cigarra? — perguntou a pequena Íris.

— Claro que não, Íris. Ela precisava aprender uma lição! Por que não tinha trabalhado como a Formiga?... Bem, formiguinhas, por hoje, chega de história! Agora vamos dormir. Amanhã é um dia muito importante pra vocês. Todas sairão do berçário e serão ótimas operárias!

E, assim, anoiteceu mais um dia no formigueiro...

Dona Filó, mais uma vez, acabara de contar histórias para as formiguinhas do berçário. E todo dia era a mesma coisa: a pequena Íris sempre pedia para repetir a história da Cigarra e da Formiga, que era a sua predileta.

Logo, logo as formiguinhas estavam dormindo. E a pequena Íris sonhava... sonhava...

[...]

— Íris?... Íris?... Você está sonhando, querida?

— Hein? Dona Filó? Onde está a Cigarra?

— Ah, minha menina, você tem ouvido muitas histórias! Acaba não dormindo direito à noite...

[...]

Tati Rivoire

— Me conte uma coisa, dona Filó. Como foi que a senhora começou a trabalhar aqui? Onde foi que a senhora aprendeu tantas histórias?

— Ah, Íris, isso foi há muito tempo... Num sítio muito bonito, de um escritor famoso chamado Monteiro Lobato. Venha, deite-se aqui. Vou contar essa história pra você.

Quando eu nasci, vivia num formigueiro muito grande, num sítio bonito, cheio de bichos e plantas!... Eu morava no jardim, perto da casa do seu Lobato.

Ele era muito inteligente, gostava de escrever e contar histórias. Muitas vezes, eu e outras formigas subíamos até uma das janelas da casa. Lá dentro, havia um montão de livros, nas estantes e espalhados nas cadeiras e mesas. Seu Lobato gostava de ficar olhando pela janela, e sempre sobravam pra nós algumas migalhas dos bolinhos e biscoitos que ele saboreava enquanto olhava o céu, mexia com os bichos... Muitas vezes, nós pegávamos algumas migalhas e ele ficava olhando nosso trabalho por longo tempo!...

Enquanto subíamos e descíamos enfileiradas, ouvíamos as histórias que ele contava para uns moleques que iam visitá-lo à tardinha. Eram histórias cheias de aventura, com uma boneca chamada Emília, a menina Narizinho, um jovem corajoso chamado Pedrinho... [...]

— Agora vamos dormir, Íris. Amanhã será um grande dia pra vocês! Quando saírem do berçário, passarão a trabalhar e a produzir como uma verdadeira formiga. Tenho certeza de que vou me orgulhar muito de você. Pela sua esperteza... e pelo seu trabalho! [...]

No dia seguinte...

— Atenção, pequenas **saúvas**! De hoje em diante, vocês devem me seguir para poderem aprender tudo que uma formiga precisa saber. Vamos cavar novos túneis, pegar alimentos... Com seriedade e dedicação! Sejam bem-vindas, operárias! Venham, vamos começar carregando um besouro que foi localizado hoje cedo perto do limoeiro. Isso vai nos custar um dia de muito trabalho!

O grupo logo se organizou para atender à convocação de sua líder, dona Cesarina. Uma nova vida estava começando para aquelas formiguinhas. Um mundo diferente... Não mais de conversas e brincadeiras, lições e histórias, mas de "atividades produtivas", como diziam as formigas adultas.

Uma a uma, enfileiradas, as pequenas operárias foram saindo pela primeira vez do formigueiro.

Íris ia à frente, conduzindo as companheiras e achando tudo aquilo muito emocionante. [...]

— Um, dois, três e... já! Vamos, levantem bem esse besouro e não percam o equilíbrio! Assim está ótimo, acho que podemos ir andando até o formigueiro. Íris, por que está olhando para trás? Concentrem-se, operárias, e comecem a caminhar!

[...]

Enquanto ia andando, ficava pensando no que ia ser de sua vida a partir daquele dia. É claro que estava feliz por ter virado uma formiga adulta, mas... (sempre havia esse mas!) será que todo dia seria essa a rotina? É verdade que se sentia importante por estar trabalhando, por já ser grande, mas ela queria mais e mais. Queria conhecer outros lugares, outros insetos!... Queria ouvir, de verdade, uma cigarra cantar! Até ficava preocupada em não deixar que as outras saúvas desconfiassem disso!

Bem, parece que a fada madrinha de Íris estava ouvindo seus pensamentos porque, naquele momento...

— Esse canto... Não, não é possível, devo estar sonhando de novo! Mas não pode ser! Eu reconheceria o ciciar de uma cigarra mesmo a distância, tenho certeza de que é ela, a cigarra dos meus sonhos! Mas onde será que ela está? Deve estar por perto, no meio dessas folhagens. Mas onde?

— Ai, socorro, minha pata está presa! Me ajudem!

— Ai, ai, acudam! Dona Cesarina, ajude-nos! — gritavam algumas saúvas.

— Atenção, saúvas, levantem esse besouro para que possamos salvar suas companheiras! Vamos lá: um, dois, três e... já! Assim! Ajudem as operárias que estão machucadas!

A distração de Íris tinha provocado mais um acidente! Quando ela parou para procurar a cigarra, fez com que as saúvas tropeçassem umas nas outras e elas foram caindo que nem pedra de dominó, da primeira até a última.

E dona Cesarina, indignada, exclamou:

— Em tantos anos de trabalho, nunca encontrei uma formiga tão desatenta. Essa Íris é um desastre, é a vergonha do formigueiro!

E passaram-se horas, dias e trapalhadas.

A pequena Íris já era famosa em todo o formigueiro. Por onde passava, ouviam-se cochichos e fofocas das outras saúvas. E se ela tinha deixado rolar um ovo no berçário, logo diziam que ela tinha provocado uma avalanche! Dona Cesarina ficava mais preocupada a cada dia. Além dos problemas que Íris causava, alguma coisa muito estranha estava acontecendo. É que, de vez em quando, a formiguinha desaparecia durante horas e horas!...

— Onde será que essa operária se escondeu? — pensava ela. [...]

Quando ela se aproximou do berçário, começou a ouvir uma voz conhecida. Logo reconheceu a história que estava sendo contada: era a de um índio brasileiro chamado Macunaíma, que adorava criticar as formigas saúvas dizendo uma frase que ficou famosa: "Muita saúva e pouca saúde, os males do Brasil são!". E, para sua surpresa, não era dona Filó a contadora de histórias... era Íris.

A pequena operária atraía a atenção de todos, ninguém percebeu a entrada de dona Cesarina. Quando terminou a história, Íris se assustou com a presença da grande líder e foi logo pedindo desculpas, e dizendo que voltaria já ao trabalho, e que não desobedeceria a mais nenhuma ordem e...

Dona Cesarina não disse nada. Dona Filó nada disse. As duas cochicharam um pouco, olharam para a formiguinha travessa e pediram que ela esperasse ali mesmo por alguns minutos. [...]

E foi dona Cesarina quem falou:

— Operárias, eu as chamei aqui para comunicar a todas que nós temos mais uma contadora de histórias no nosso formigueiro! De agora em diante, Íris estará sempre aqui, no berçário, alimentando de imaginação e alegria a vida das pequeninas saúvas que estão se preparando para a vida adulta! Finalmente acho que encontramos o trabalho certo para essa nossa companheira. Agora, voltem todas ao trabalho!

— Obrigada, dona Cesarina!... Obrigada, dona Filó!... — dizia Íris, cheia de contentamento. O que não vão faltar são histórias por aqui! Pra contar, é claro!

Dias depois...

— E enquanto a Formiga trabalhava, a Cigarra cantava, cantava... Mas, quando chegou o inverno, lá foi a Cigarra bater na porta da Formiga para pedir-lhe comida...

— E a Formiga, Íris, deu ou não deu comida pra Cigarra? — perguntou uma pequena saúva.

— Olha, formiguinha, dar ela não deu, mas podemos inventar vários finais para essa história! Vamos tentar?

Cláudia Miranda. *Entre cigarras e formigas*. Juiz de Fora: Franco Editora, 2004. p. 3, 5-9 e 11-16.

Glossário

ciciar: ruído fraco e contínuo.
saúva: denominação comum a algumas formigas encontradas nas Américas, que cortam pedaços de folhas e os carregam para os ninhos.

Tati Rivoire

Quem são as autoras?

Cláudia Miranda, que é também uma das autoras desta coleção, nasceu em Juiz de Fora, Minas Gerais, onde atuou como professora de Língua Portuguesa e Literatura por mais de 30 anos para alunos do Ensino Fundamental e Médio. É também autora de livros didáticos de Língua Portuguesa, publicados por diferentes editoras brasileiras.

Arquivo da autora

Tati Rivoire é ilustradora e *designer* gráfica. Produz, ilustra e gerencia projetos para livros, revistas, catálogos, cartazes e anúncios.

Arquivo da ilustradora

Interagindo com a paródia de fábula

1 Vamos recordar alguns acontecimentos da fábula?

a) Como a história começa?

_____

_____

b) Os textos narrativos apresentam uma situação inicial que logo no início é rompida, quando algum problema (ou conflito) acontece. Qual é o conflito dessa fábula?

_____

_____

_____

c) Explique o desfecho da história.

_____

_____

_____

2 De acordo com a sequência narrativa, relacione a segunda coluna com a primeira.

A. Introdução

☐ Dona Cesarina transforma Íris numa contadora de histórias do berçário. Fica bastante evidente a felicidade da formiguinha por poder trabalhar em algo para que nasceu.

B. Desenvolvimento

☐ São apresentadas as protagonistas da história: a formiguinha Íris e dona Cesarina. Além disso, o narrador conta como era a vida no formigueiro e antecipa um fato que acontecerá na sequência: as formiguinhas deixarão o berçário para começar a trabalhar como operárias.

C. Desfecho

☐ As formiguinhas conhecem o mundo fora do formigueiro e Íris não se adapta à rotina de trabalho, provocando problemas e acidentes.

atividade oral 3 Observe os subtítulos do conto e responda à pergunta.

> No dia seguinte...
>
> Dias depois...

• Qual é a função deles no texto?

4 Assinale a única característica que não corresponde ao perfil de Íris, a protagonista da narrativa.

a) Sonhadora.

b) Rebelde.

c) Desajeitada.

d) Acomodada.

5 Leia a seguir uma das versões dessa fábula.

A cigarra e as formigas

Num belo dia de inverno as formigas estavam tendo o maior trabalho para secar suas reservas de trigo. Depois de uma chuvarada, os grãos tinham ficado completamente molhados. De repente, apareceu uma cigarra: — Por favor, formiguinhas, me deem um pouco de trigo! Estou com uma fome danada, acho que vou morrer. — As formigas pararam de trabalhar, coisa que era contra os princípios delas, e perguntaram: — Mas por quê? O que você fez durante o verão? Por acaso não se lembrou de guardar comida para o inverno? — Para falar a verdade, não tive tempo — respondeu a cigarra. — Passei o verão cantando! — Bom. Se **você passou o verão** cantando, que tal passar o inverno dançando? — disseram as formigas, **e** voltaram para o trabalho dando risada.

Esopo. A cigarra e as formigas. *In*: Ana Rosa Abreu e outros. *Crônicas tradicionais, fábulas, lendas e mitos*. p. 99. Disponível em: www.dominiopublico.gov.br/download/texto/me001614.pdf. Acesso em: 11 nov. 2019.

• Se a cigarra pedisse ajuda a Íris, qual seria, provavelmente, a reação dessa personagem?

_____

_____

_____

_____

_____

6 Compare a formiguinha Íris com as formigas da fábula original.

• Escreva **I** nas características da personagem Íris e **F** nas características das formigas da fábula de Esopo.

☐ Idealista(s).

☐ Prática(s), objetiva(s).

☐ Rigorosa(s).

☐ Apreciadora(s) de histórias.

7 As fábulas geralmente terminam com uma lição, uma mensagem.

> A **mensagem** que as fábulas transmitem é também chamada de **moral da história**. Trata-se da lição que o texto pretende comunicar.

a) No texto original, qual seria a moral da história?

_____

_____

_____

b) A paródia "Entre cigarras e formigas" mantém a mesma moral do texto original? Justifique sua resposta.

_____

_____

_____

c) Escreva uma moral para o texto "Entre formigas e cigarras".

_____

_____

8 Leia e compare dois trechos de outros textos.

Trecho 1

> Era uma vez uma menina tão encantadora e meiga, que não havia quem não gostasse dela. A avó, então, a adorava, e não sabia o que inventar para agradá-la.
>
> Um dia presenteou-a com um chapeuzinho de veludo vermelho que agradou tanto à menina, que ela não quis mais saber de usar outro. Desde então, só a chamavam de Chapeuzinho Vermelho.
>
> [...]

Jacob Grimm e Wilhelm Grimm. *Contos de Grimm*. São Paulo: Ática, 2003. v. 2. p. 7-14.

Trecho 2

> Era a Chapeuzinho Amarelo.
> Amarelada de medo.
> Tinha medo de tudo,
> aquela Chapeuzinho.
> Já não ria.
> Em festa, não aparecia.
> Não subia escada
> nem descia.
>
> Não estava resfriada
> mas tossia.
> Ouvia conto de fada
> e estremecia.
> Não brincava mais de nada,
> nem de amarelinha.
> [...]

Chico Buarque. *Chapeuzinho Amarelo*. 13. ed. Rio de Janeiro: José Olympio, 2003. p. 7.

a) Qual dos dois trechos começa com uma expressão tradicional nos contos infantis?

_____

_____

b) O uso da expressão "aquela Chapeuzinho", no **trecho 2**, tem a intenção de:

- [ ] confirmar que a Chapeuzinho de que se fala é a mesma do conto tradicional.
- [ ] explicar que a Chapeuzinho de que se fala é semelhante à do conto tradicional.
- [ ] indicar que a Chapeuzinho de que se fala é outra, e não a do conto tradicional.
- [ ] observar que a Chapeuzinho de que se fala é oposta à do conto tradicional.

c) Observe o sentido de **amarelar** e **amarelo** no dicionário.

▸ **a.ma.re.lar v. 1.** Tornar-se amarelo ou amarelado. **2.** Perder o viço, o frescor, empalidecer (sua pele amarelou). **3.** Perder a coragem em uma situação difícil, perigosa etc.; acovardar-se.

▸ **a.ma.re.lo s.m. 1.** A cor da gema do ovo, do açafrão, do ouro. *adj.* **2.** Que tem essa cor. **3.** Diz-se dessa cor. **4.** Descorado, pálido. **5.** *Fig.* Sem espontaneidade, contrafeito.

Antônio Houaiss (Org.). *Dicionário Houaiss de Língua Portuguesa.* 4. ed. Rio de Janeiro: Objetiva, 2010. p. 39.

d) Indique qual dos sentidos do dicionário mais se aproxima das características da personagem Chapeuzinho Amarelo.

- [ ] O sentido de acovardar-se é o mais adequado para tratar da Chapeuzinho Amarelo, pois a personagem limita suas ações e evita o mundo exterior por medo.
- [ ] O sentido de empalidecer é o mais adequado para tratar da Chapeuzinho Amarelo, pois essa é a cor predominante em suas vestimentas ao longo da história.

9 Paródia é uma imitação cômica ou crítica de alguma obra. Costuma inverter ou modificar as características de um texto ou de personagens literários, com o objetivo de criticar ou satirizar a obra ou, ainda, situá-la em outro contexto. Com base nesse conceito, os textos "Entre cigarras e formigas" e "Chapeuzinho Amarelo" são paródias porque:

a) ampliam o sentido original do texto ao qual fazem referência.

b) desconsideram o sentido original do texto ao qual fazem referência.

c) modificam o sentido original do texto ao qual fazem referência.

d) reduzem o sentido original do texto ao qual fazem referência.

Marcadores de tempo e de lugar nas narrativas

1 Releia o quadrinho a seguir.

© Mauricio de Sousa Editora Ltda

- Das expressões contidas nos balões, quais sugerem tempo e espaço?

a) "Baile do príncipe" e "Mas, Fada Madrinha".

b) "Hoje à noite" e "no castelo!".

c) "Pode parar com essa faxina!" e "Nem roupas eu tenho!".

d) "Você tem que ir" e "De que jeito posso ir?".

2 Leia a fábula a seguir.

> ### A lebre e a tartaruga
>
> No mundo dos animais vivia uma lebre muito orgulhosa e vaidosa, que não cessava de falar que era a mais veloz e se gabava disso, diante da lentidão da tartaruga.
>
> "Lá vem dona tartaruga, vem andando sossegada, vou sair da frente dela pra não ser atropelada!", cantava debochando a lebre da pobre tartaruga.
>
> Um dia, a tartaruga pensou em fazer uma aposta no mínimo inusitada para a lebre:
>
> — Estou certa de que posso ganhar de você numa corrida! — Desafiou a tartaruga.
>
> — A mim?! — Debochou a assustada lebre com o desafio.
>
> — Sim, a você — disse a tartaruga. — Façamos nossas apostas e vejamos quem ganha a corrida!

Há em nossa língua palavras e expressões que indicam onde (**espaço**), quando (**tempo**) e como (modo) as situações expressas nas frases ocorreram. A essas palavras damos o nome de **advérbios**, e às expressões chamamos **expressões adverbiais**.

A lebre, meio incrédula, aceitou. Todos os animais se reuniram para assistir à corrida. A coruja marcou o ponto de partida e de chegada, e, sem mais demoras, começou a competição em meio à incredulidade dos que assistiam.

Confiada na sua rapidez, a lebre deixou a tartaruga pegar vantagem e ficou tirando sarro dela. Logo, começou a correr velozmente e ultrapassou a tartaruga que caminhava vagarosamente, mas sem parar.

Só se deteve na metade do caminho, diante de um pasto verde e frondoso, onde se dispôs a descansar antes de terminar a corrida. Ali, pegou no sono enquanto a tartaruga seguiu caminhando passo a passo, lentamente, mas sem se deter.

Quando a lebre despertou, viu desesperada que a tartaruga se encontrava a uma curtíssima distância da meta de chegada. Saiu correndo com todas as suas forças, mas já era muito tarde. A tartaruga tinha vencido a corrida!

Nesse dia a lebre aprendeu, em meio a uma grande humilhação, que não deve se gabar dos demais. Também aprendeu que o excesso de confiança é um obstáculo para alcançar nossos objetivos.

Izaura Araújo. Fábula: A lebre e a tartaruga. *Escola educação*. Disponível em: escolaeducacao.com.br/a-lebre-e-a-tartaruga/. Acesso em: 11 nov. 2019.

- Nessa fábula, a tartaruga, por mais incrível que possa parecer, saiu vencedora. Você acha que a lebre perdeu a corrida porque:

a) apostou com a adversária e se gabou antes de competir.

b) disparou com toda a velocidade de início e se cansou ao longo do percurso.

c) julgou ser mais rápida que a tartaruga e acabou por dormir durante a competição.

d) refletiu sobre sua fama e buscou uma alternativa para ajudar a adversária.

3 Assinale o provérbio popular que é coerente com a moral da fábula "A lebre e a tartaruga".

a) "A cavalo dado não se olham os dentes."

b) "Devagar se vai longe."

c) "É melhor prevenir do que remediar."

d) "Mentira tem perna curta."

4 Todos os fatos narrados em uma história acontecem em determinados momentos. A sequência desses fatos muitas vezes é indicada por expressões temporais.

- Sublinhe, nas sentenças mostradas a seguir, retiradas da fábula que você acabou de ler, as expressões marcadoras de tempo.

a) "Um dia, a tartaruga pensou em fazer uma aposta no mínimo inusitada para a lebre:"

b) "Quando a lebre despertou, viu desesperada que a tartaruga se encontrava a uma curtíssima distância da meta de chegada."

Um pouco mais sobre ■■■ Paráfrase e paródia

Um texto pode remeter a outro ou se relacionar com vários outros textos. Essa relação, direta ou indireta, chama-se **intertextualidade**.

A aproximação de um texto com outro pode ser feita de vários modos. Duas formas de intertextualidade são a **paráfrase** e a **paródia**.

A **paráfrase** é a reescrita de um texto com palavras diferentes, mas mantendo o sentido, a função e o conteúdo. Por exemplo, o resumo de um livro é uma forma de paráfrase. A **paródia**, por sua vez, é uma relação intertextual marcada pela retomada crítica, cômica, irônica ou satírica – ou seja, tem intenção de provocar, de criticar – de um texto. Os textos publicitários, por exemplo, frequentemente fazem uso da paródia para atingir seu objetivo.

1 Leia o anúncio a seguir e faça o que se pede.

Campanha Liga da Saúde Batman, 2014.

a) Responda: quais referências intertextuais podem ser encontradas no anúncio?

b) Que tipo de intertextualidade ocorre no anúncio? Por quê?

_____
_____
_____
_____
_____
_____

c) Como o texto não verbal auxilia na compreensão do anúncio?

_____

_____

_____

_____

_____

2 Leia a propaganda a seguir e explique por que ela é uma paródia. Ao responder, faça referência não somente ao texto verbal, mas também ao texto não verbal.

Propaganda do Greenpeace, 2003.

_____

_____

_____

_____

_____

_____

_____

3 O **texto 2** trabalhado nesta unidade, "Entre cigarras e formigas", é uma paródia. Podemos dizer que a história em quadrinhos criada por Mauricio de Sousa também é uma paródia?

_____

_____

_____

_____

História em quadrinhos e fábula

1 Os **textos 1** e **2** são narrativos, mas os gêneros textuais são diferentes.

   a) O texto 1 é uma _____.

   b) O texto 2 é uma _____.

2 Pela forma de organização e apresentação dos textos, que elementos, principalmente, diferem os dois gêneros?

_____

_____

3 Leia o mapa mental a seguir. Você pode consultá-lo sempre que quiser se lembrar dos elementos principais desses gêneros.

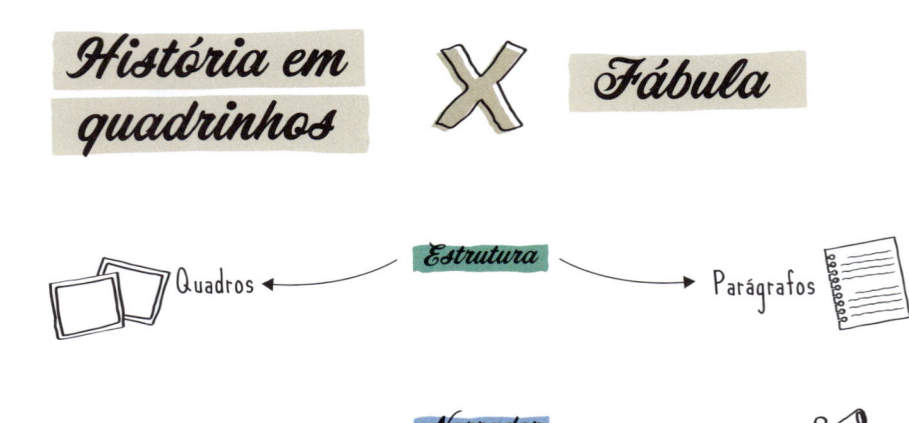

História em quadrinhos X *Fábula*

	Estrutura	
Quadros		Parágrafos
Ausente (geralmente).	**Narrador**	Presente
Mista (verba e não verbal).	**Linguagem**	Verbal ABC
Balões	**Fala dos personagens**	Travessão

Joana Resek

4 Para compreender melhor a relação entre os gêneros estudados nesta unidade, bem como a tipologia e o campo de atuação a que pertencem, complete o quadro da próxima página com o título e o gênero dos textos, de acordo com o objetivo comunicativo deles, ou seja, o objetivo principal para o qual foram escritos. Observe os ícones que acompanham os textos, indicando o campo de atuação a que pertencem.

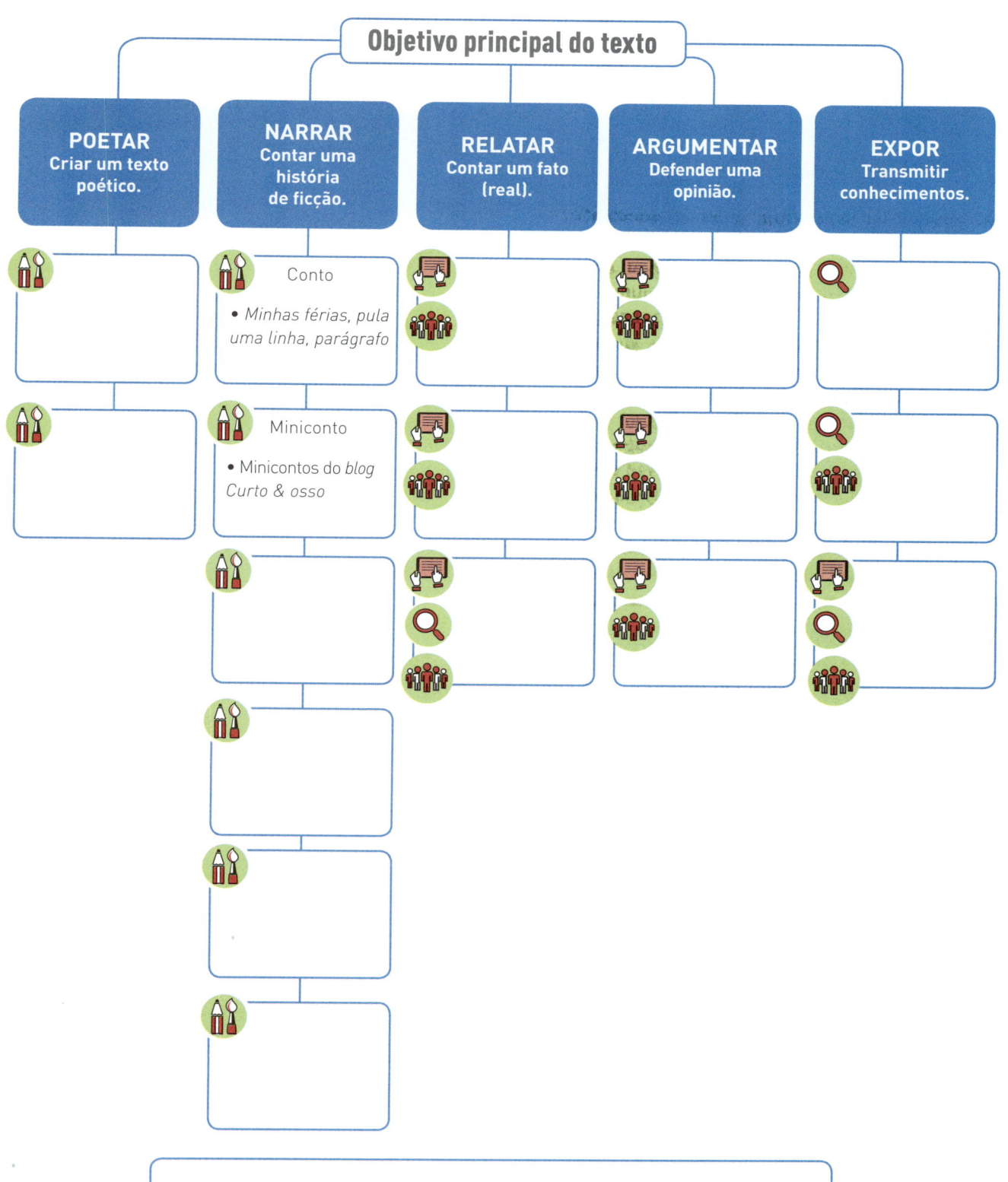

Objetivo principal do texto

POETAR — Criar um texto poético.

NARRAR — Contar uma história de ficção.

RELATAR — Contar um fato (real).

ARGUMENTAR — Defender uma opinião.

EXPOR — Transmitir conhecimentos.

Conto
- *Minhas férias, pula uma linha, parágrafo*

Miniconto
- Minicontos do *blog Curto & osso*

Campos de atuação

 Campo artístico-literário

 Campo jornalístico-midiático

 Campo das práticas de estudo e pesquisa

 Campo de atuação na vida pública

Oficina de produção escrita

Paródia de um conto clássico

Nesta seção, você vai produzir uma paródia de um conto clássico para o Festival de Paródias, que será organizado na **Oficina de produção oral** desta unidade.

RECORDAR

Sente-se com um colega. Revejam os textos e as atividades desta unidade para fazer o que é solicitado a seguir.

1. Sobre a paródia, assinale a alternativa correta.

   a) Toda narrativa é uma paródia.

   b) Toda paródia é uma narrativa.

   c) É impossível fazer paródias com anúncios, pois não trazem uma história completa.

   d) A paródia é um texto criado com base em outro texto e sua finalidade pode ser cômica, crítica, reflexiva, entre outras.

2. O objetivo principal de uma paródia é:

   a) reescrever, com as próprias palavras, um conto conhecido.

   b) retomar um texto com o objetivo de recriá-lo, utilizando novos contextos ou novas situações, diferentes dos apresentados no texto original.

   c) criar um novo texto, completamente original.

   d) criticar, por meio de argumentos, um texto original.

PLANEJAR

3. Escolha um conto clássico da literatura, como "Os três porquinhos", "Branca de Neve e os sete anões", "O patinho feio" ou "O gato de botas". Se quiser, você pode usar elementos de mais de um conto na mesma paródia.

   Organize no quadro a seguir a estrutura de sua paródia. Complete-o pensando nas diferenças que serão propostas em seu texto.

Conto clássico Qual conto você vai parodiar?	Personagens Quais personagens vão aparecer na história?	Enredo O que vai acontecer?

4. Lembre-se de alguns aspectos principais que não podem faltar em seu texto:

- elementos próprios das narrativas, como as características dos personagens e a indicação do tempo e do espaço em que se passa a história;
- referências aos textos originais, como a maneira de ser dos personagens dos contos clássicos e os lugares em que a história se passa;
- o objetivo da paródia: escrever um texto engraçado (humorístico) ou uma história crítica (que ironiza alguma situação da atualidade), por exemplo;
- diferenças em relação ao conto original (personagens, acontecimentos, lugares).

PRODUZIR

5. Escreva o rascunho de seu texto e elabore uma ilustração para acompanhá-lo. Crie um título interessante.

REVISAR E COMPARTILHAR

6. Quando terminar o texto, troque-o com o de um colega, para que um leia o texto do outro. Aproveite para contribuir com sugestões e críticas.
Verifique se:

- a história tem diferenças em relação à original;
- é possível entender a sequência dos acontecimentos;
- a relação entre o texto original e a paródia está coerente;
- o objetivo da paródia está claro.

7. Quando receber o texto de volta, revise-o. Não se esqueça de adequar a linguagem à norma-padrão da língua. Faça as mudanças que julgar necessárias e entregue sua paródia ao professor. Leia com atenção as anotações feitas por ele, corrija o que for necessário e, em seguida, passe-o a limpo e conclua a ilustração.

Estúdio Imaginarium

Oficina de produção oral ■■■

Festival de Paródias

Depois de produzirem as paródias de um conto clássico da literatura, você e sua turma vão organizar um **Festival de Paródias**, em que cada um terá de ler a sua produção.

Durante as apresentações, os colegas vão avaliar o texto e a leitura uns dos outros, tomando notas e atribuindo conceitos.

PLANEJAR

1. Organize com a turma os detalhes do Festival de Paródias.

   a) Onde acontecerá o evento? Quando?

   b) Quem assistirá ao Festival: só a turma, a escola inteira, toda a comunidade?

   c) Se o evento incluir a escola e a comunidade em geral, como será feita a divulgação: com cartazes, convites para cada turma, postagens em redes sociais?

2. Com a versão final da paródia revisada pelo professor, ensaie a leitura.

APRESENTAR

3. Faça a leitura de acordo com o que você ensaiou. Atente para as seguintes dicas, que ajudarão durante a apresentação.

   a) Digite ou escreva o texto com letras grandes, para facilitar a leitura.

   b) Pronuncie bem as palavras, com um tom adequado, para que todos possam ouvir.

   c) Leia com tranquilidade (mas sem lentidão), dando a entonação adequada às frases exclamativas e interrogativas e respeitando as pausas.

AVALIAR

4. A avaliação deve considerar alguns critérios. Para isso, faça anotações sobre as apresentações no formulário apresentado a seguir. Essas notas auxiliarão no conceito que você vai atribuir a cada critério.

5. Os conceitos são: regular, bom e muito bom.

Vicente Mendonça

6. Organize-se com os colegas para que cada apresentação seja avaliada por três pessoas.

Avaliador:	
Avaliado:	
Título da paródia:	

Critério	Avaliação	Justificativa
O texto ficou criativo e bem-humorado?	🙁 Regular 😐 Bom 🙂 Muito bom	_____ _____ _____
A leitura foi fluente e em tom adequado?	🙁 Regular 😐 Bom 🙂 Muito bom	_____ _____ _____
A postura durante a leitura foi adequada?	🙁 Regular 😐 Bom 🙂 Muito bom	_____ _____ _____
O leitor foi ouvido facilmente pela plateia?	🙁 Regular 😐 Bom 🙂 Muito bom	_____ _____ _____
A leitura foi calma e segura, respeitando a entonação e as pausas?	🙁 Regular 😐 Bom 🙂 Muito bom	_____ _____ _____

COMPARTILHAR

7. Depois do Festival, a turma deverá organizar as avaliações e ver quem são os alunos que tiveram os melhores resultados.

8. As melhores apresentações podem ser premiadas, de acordo com o que a turma combinar.

9. As apresentações podem ser registradas em vídeos e compartilhadas no *blog* ou no *site* da escola. Os vídeos são úteis também para que cada um possa assistir à própria apresentação e identificar em quais aspectos precisa melhorar.

 Conheça

Livro
- *Fadas que não estão nos contos, uma confusão de contos clássicos*, de Kátia Canton. São Paulo: Difusão Cultural, 2010.

Filme
- *Frozen – Uma aventura congelante*, direção de Chris Buck e Jennifer Lee. Estados Unidos, 2013, 109 min.

Site
- Museu da Infância, Criciúma (SC). Disponível em: http://www. museudainfancia.unesc.net/. Acesso em: 15 nov. 2019.

Difusão Cultural.

UNIDADE 3

Marcia Zoet/Illumina Imagens

De texto em texto

As palavras têm história. A palavra **texto**, por exemplo, surgiu do termo em latim *textus*, que significa "tecido".

Você já observou atentamente um tecido e viu como ele é formado? Trata-se de um fio, outro fio, mais um fio... Esses tantos fios vão se entrelaçando e desse cruzamento surge o tecido.

E o que isso tem a ver com os textos? De modo semelhante, os textos são um entrelaçamento de palavras e até mesmo de outros textos.

É incrível a capacidade que os textos têm de se relacionar uns com os outros e gerar novas produções ou então a releitura, a ressignificação de materiais já escritos. Nesta unidade, você vai conhecer um resumo e uma resenha.

Observe a fotografia.

- Descreva a cena.
- Quais sentimentos e sensações a imagem provoca em você?
- Você tem ou já teve um animal de estimação? Conhece alguém que tenha? Conte para os colegas a rotina dessa convivência.

O que você vai estudar?	O que você vai produzir?
Gêneros	**Oficina de produção**
• Resumo	• Resenha (escrita)
• Resenha de livro	• Vídeo para BookTube
Língua e linguagem	(multimodal)
• Coesão e coerência: hiperonímia e hiponímia	

Anna Clara Figueiredo de Almeida e sua gata de estimação. São Paulo, 2019.

Antes de ler ▪▪▪

1 Você já experimentou contar para alguém detalhes de um livro que leu ou de um filme a que assistiu? Se sim, como foi a experiência?

2 Para você, o que seria essencial contar a alguém sobre uma obra?

3 Com base no título, qual deve ser a finalidade do texto?

4 A que faz referência a primeira parte do título?

Catarina e o lagarto – Resumo

O livro *Catarina e o lagarto*, da autora Katia Gilaberte, publicado pela editora Espiral, com ilustrações de Bruna Assis Brasil, narra a história de uma menina que tinha um lagarto, chamado Aniceto, como bicho de estimação. O animal foi encontrado por Catarina em uma mangueira no quintal de sua casa e, desde então, passou a ser a companhia da garotinha. O momento de encontro dos dois personagens, em geral, é quando o réptil toma seu banho de sol diário.

Apesar de parecer um lagarto como os demais, Aniceto conversava com Catarina à noite, em sonhos. Foi assim que o animalzinho contou para a menina sobre ter deixado sua terra natal, do outro lado do mar, e vindo para as bandas de cá – o Brasil – em uma grande embarcação. Nas outras terras, Aniceto aparecia para a pequena Tchissola. E foi nas conversas com a Vó Bela durante o café da manhã que Catarina aprendeu que esse lugar do outro lado do oceano se chamava África.

Um dia, Aniceto conduziu Catarina por um passeio pelas ruas até se aproximarem da areia da praia. Lá, a menina viu uma mulher com seus dois filhos: era uma família africana, recém-chegada de Angola. Conversando com eles, aprendeu palavras novas e tirou muitas dúvidas sobre a vida na África. Nesse primeiro encontro, Catarina perguntou aos três angolanos se eles conheciam Tchissola, amiga de Aniceto. Foi quando a garota aprendeu que Tchissola quer dizer "alegria", e é também o antigo nome usado para falar do povo de Angola.

Vicente Mendonça

A mulher angolana se chamava Laurinda e, pouco tempo depois do primeiro contato de Catarina com a família de imigrantes, Vó Bela também pôde se encontrar com eles. Laurinda e os filhos, Carlos e Ana, reuniram-se com a vovó e a neta para passarem algum tempo juntos, desfrutando de uma convivência agradável. Apesar da aproximação com a família imigrante, a mãe de Catarina, Rosa, não aprovava o convívio da filha com os angolanos, buscando proibir seu contato com eles.

Diante dessa situação, Vó Bela ficou muito triste e, em um gesto silencioso, buscou uma fotografia antiga que ficava guardada em uma caixa de papelão. A idosa mostrou para Rosa a foto de um casal. Eram os pais de Vó Bela: a mulher, angolana; o homem, português. A matriarca contou, então, detalhes de sua história para a filha e para a neta. Proibido pela família de viver junto da mulher angolana, o pai de Vó Bela decidiu se mudar para o Brasil a fim de se casar com aquela que tinha conquistado seu coração.

Rosa, ouvindo tudo aquilo sobre suas origens, foi aconselhada por Vó Bela a não se envergonhar da história de sua família. Catarina, por sua vez, ficou muito interessada na história desconhecida e decidiu explorar a caixa com as memórias da bisavó, descobrindo um mundo inteiro e entendendo melhor sua própria história.

Texto elaborado pelos autores.

Ficha técnica:

Título: *Catarina e o lagarto*
Autora: Katia Gilaberte
Ilustrações: Bruna Assis Brasil
Editora: Espiral
Edição: 1ª
Ano: 2016
Páginas: 36
Idioma: português

Interagindo com o resumo

1 Releia o primeiro parágrafo do texto.

a) De que obra ele trata?

_____

_____

b) Quem escreveu essa obra?

_____

_____

c) Qual foi a tarefa desempenhada por Bruna Assis Brasil?

_____

_____

d) Que trecho do primeiro parágrafo registra, em poucas palavras, o conteúdo da obra mencionada?

_____

_____

_____

2 Segundo o texto lido, como se pode explicar a amizade de Catarina e Aniceto?

_____

_____

_____

3 Para Catarina, Aniceto não era um lagarto como os demais. O que fazia a menina pensar assim?

_____

_____

_____

4 O texto lido apresenta informações essenciais do livro *Catarina e o lagarto*, da autora Katia Gilaberte. Por tratar de uma narrativa, aborda elementos relevantes para o desenvolvimento da história.

a) Quais são os personagens envolvidos nessa história?

_____

_____

b) Qual é o espaço em que a história se desenvolve?

_____

_____

c) Que fato altera o rumo dos acontecimentos na narrativa?

_____

_____

5 A leitura de _"Catarina e o lagarto – Resumo"_ permite concluir que a finalidade comunicativa desse texto é:

a) analisar e criticar, com argumentos fundamentados, a obra literária em questão.

b) descrever e elencar, por meio de detalhamento, a articulação da obra referida no título.

c) orientar e propor, de modo compreensível e fundamentado, as maneiras de ler a obra indicada.

d) selecionar e apresentar, de modo organizado, os pontos fundamentais da obra indicada.

6 Um dos recursos para redigir um bom resumo é a capacidade de reescrever o texto com outras palavras, preservando o sentido original. Esse processo se chama paráfrase. Leia a seguir a definição de paráfrase e um trecho do livro _Catarina e o lagarto_.

> **Paráfrase** é um recurso de reescrita de determinado texto. Por meio desse recurso, o autor utiliza outras palavras e expressões, mas mantém as ideias centrais do texto. É como escrever "com as próprias palavras" um texto lido.

> Não demorou muito para que Vó Bela conhecesse Laurinda e seus filhos. Carlinhos passou a estudar na mesma escola que Catarina e nas tardes mornas de primavera os dois passeavam na praia depois de terminados os deveres, a catar conchinhas até o sol cair como uma bola de fogo no oceano. Aos domingos, todos almoçavam debaixo da grande mangueira. Com os tecidos coloridos que Laurinda havia trazido da África, Vó Bela costurava vestidos para Ana, que parecia esticar a cada dia. Laurinda preparava quitutes com raízes e temperos que Catarina nunca havia experimentado e com grande paciência procurava saciar a inesgotável curiosidade da menina sobre a África.

Katia Gilaberte. _Catarina e o lagarto_. Ilustrações de Bruna Assis Brasil. São Paulo: Espiral, 2016. p. 21.

Vicente Mendonça

- Localize, no resumo que você leu, a paráfrase desse trecho de *Catarina e o lagarto*. Transcreva a seguir o fragmento que apresenta essa paráfrase.

_____

_____

_____

_____

_____

_____

7 Um resumo permite ao leitor entrar em contato com os elementos fundamentais de uma obra. Assim, em resumos de textos narrativos, é muito importante que a ordem dos fatos e as ideias do texto original sejam respeitadas. Por quê?

_____

_____

_____

_____

8 Releia o seguinte trecho do resumo e, em seguida, responda às questões.

> Um dia, Aniceto conduziu Catarina por um passeio pelas ruas até se aproximarem da areia da praia. Lá, a menina viu uma mulher com seus dois filhos: era uma família africana, recém-chegada de Angola. Conversando com eles, aprendeu palavras novas e tirou muitas dúvidas sobre a vida na África.

a) As frases desse trecho são longas ou curtas?

_____

b) Levante hipóteses: por que essa característica seria relevante para um resumo?

_____

_____

_____

9 Como a finalidade do resumo é recuperar com exatidão e clareza as principais informações do texto, esse gênero apresenta:

a) ausência de posicionamento pessoal do locutor textual.

b) exemplificação de cada elemento citado no texto original.

c) listagem de impressões pessoais por parte do autor.

d) riqueza de detalhes em relação a todos os elementos da obra original.

Texto 2

Catarina e o lagarto

Esse livro é muito bom, pois tem uma história bem interessante em que acontecem diversas coisas em relação à amizade entre Catarina, Carlos e Ana, por isso eu achei muito legal.

Logo me interessei, pois sua capa é muito bonita e, ao ler o prefácio, achei a história ótima. Suas ilustrações são muito boas e, resumindo, ele é muito bem escrito e ilustrado.

O livro trata de uma menina chamada Catarina e seus amigos: Aniceto, Carlos e Ana. A menina foi passar as férias na casa de sua avó e lá descobriu a história do Aniceto e sua antiga dona, Tchissola, que era angolana.

Catarina encontrou na praia uma família angolana e fez amizade com Carlos e Ana. Então ela pediu à sua mãe para convidar os novos amigos para sua festa de aniversário, que estava próxima. A mãe de Catarina, porém, disse que não iria convidá-los e que a menina não deveria ter amizade com eles. Foi quando a avó da menina contou à filha sobre suas origens, mostrando que seus pais eram negros.

Esse livro ensina as pessoas a não serem preconceituosas e a respeitar as diferenças. Se você quiser saber o final da história, compre o livro e faça novas descobertas!

Arthur P.

Texto 3

Catarina e o lagarto

Olá, pessoal! Hoje vou contar um pouco sobre o livro *Catarina e o lagarto*, mas não posso dar *spoiler*. Bom, o livro, no começo, conta mais ou menos sobre uma família: uma sábia avó, Bela, Catarina e seu lagarto brincalhão, o Aniceto.

Catarina e sua avó descobrem histórias sobre a África e ficam encantadas. Elas conhecem na beira do mar uma família africana, alegre e feliz, formada por uma mulher, uma criança e um bebê, mostrando que todos nós podemos ser amigos do próximo.

Agora é hora dos pontos positivos e negativos. Para mim o livro é ótimo, e também gostei muito das ilustrações. As páginas têm imagens reais e o melhor é que elas se encaixam direitinho na história. O único ponto negativo é que não há tantas páginas. Eu adoraria que o livro fosse maior, porque gostaria de me aventurar e conhecer um pouco mais a história!

Lucas C.

Ficha técnica:

Escrito por Katia Gilaberte
Ilustrado por Bruna Assis Brasil

Editado por Espiral
36 páginas

Disponível em: www.operiscopio.com/single-post/2017/09/15/Argay-Vem.
Acesso em: 6 nov. 2019.

Antes de ler

1 Observe os títulos dos textos que você lerá. Algo chama sua atenção?
2 Você já ouviu falar em resenha? O que sabe sobre textos desse gênero?
3 Os autores dos **textos 2** e **3** são alunos de Ensino Fundamental que, após lerem um livro, decidiram redigir um comentário sobre a obra. Você já fez algo parecido?
4 Onde esses textos foram publicados?

Interagindo com a resenha de livro

1 Nas resenhas lidas, há uma breve apresentação da história de *Catarina e o lagarto*.

a) Em quais trechos do texto de Arthur P. há essa apresentação?

_____

_____

_____

_____

_____

_____

_____

_____

_____

b) E no texto de Lucas C ´

_____

_____

_____

_____

_____

_____

_____

2 Levante hipóteses: em uma resenha, por que é importante compartilhar elementos essenciais do enredo da obra tratada?

_____

_____

_____

_____

3 Logo após os textos, encontram-se registradas as seguintes informações:

Ficha técnica:

Escrito por Katia Gilaberte　　　Editado por Espiral
Ilustrado por Bruna Assis Brasil　　36 páginas

- Qual é o objetivo de compartilhar essas informações?

_____

_____

_____

4 De acordo com o aluno Arthur P., o livro lido traz um ensinamento. Qual seria ele? Fundamente sua resposta com um trecho do texto desse aluno.

_____

_____

_____

_____

5 O aluno Lucas C. aponta, em sua resenha, um ponto negativo sobre a obra lida.

a) Qual é esse ponto negativo?

_____

b) Que solução o aluno sugere para corrigir isso?

_____

_____

6 Uma resenha se constrói tendo-se em mente uma análise da obra de referência.

a) Qual foi a opinião geral dos autores das resenhas de *Catarina e o lagarto*?

_____

_____

b) Entre os trechos a seguir, assinale o que NÃO apresenta posicionamento ou opinião dos autores das resenhas.

☐ "Esse livro é muito bom, pois tem uma história bem interessante [...]."

☐ "[...] sua capa é muito bonita e, ao ler o prefácio, achei a história ótima. Suas ilustrações são muito boas e, resumindo, ele é muito bem escrito e ilustrado."

☐ "[...] lá descobriu a história do Aniceto e sua antiga dona, Tchissola, que era angolana."

☐ "[...] o livro, no começo, conta mais ou menos sobre uma família: uma sábia avó, Bela, Catarina e seu lagarto brincalhão, o Aniceto."

☐ "Para mim o livro é ótimo, e também gostei muito das ilustrações."

c) Observe os trechos que apresentam marcas opinativas quanto à obra resenhada. Em seguida, analise: quais elementos possibilitaram que você percebesse o posicionamento dos autores nesses trechos?

_____

_____

_____

7 Considere os seguintes trechos do autor Arthur P.:

> Esse livro é muito bom [...].
>
> Logo me interessei [...].

- Além de apresentar seu ponto de vista, o autor o fundamenta no texto. Transcreva do texto a forma como Arthur P. sustenta cada uma dessas ideias:

a) "Esse livro é muito bom [...]".

_____

_____

_____

b) "Logo me interessei [...]".

_____

_____

_____

8 Pela leitura atenta dos textos, percebe-se que a finalidade principal de uma resenha é:

a) analisar e criticar, com argumentos fundamentados, a obra em questão.

b) descrever e elencar, por meio de detalhamento, a articulação da obra referida no título.

c) orientar e propor, de modo compreensível e fundamentado, as maneiras de ler a obra indicada.

d) selecionar e apresentar, de modo organizado, os pontos fundamentais da obra indicada.

9 Releia os trechos a seguir.

> Se você quiser saber o final da história, compre o livro e faça novas descobertas!

> Olá, pessoal!

a) Como os trechos fazem referência às ==pessoas do discurso== e qual efeito isso gera?

_____

_____

_____

_____

_____

b) Com qual finalidade os autores empregam o recurso que você identificou no texto?

_____

_____

_____

10 De acordo com as resenhas lidas, pode-se dizer que o objetivo dos resenhistas em geral é informativo ou avaliativo? Isso é bom para o leitor?

_____

_____

_____

_____

_____

Pessoas do discurso: em uma situação de comunicação, emprega-se a expressão **pessoas do discurso**.

– Aquele que emite a mensagem é chamado de **emissor** e pode ser notado pelas marcas textuais de **1ª pessoa**;

– Aquele a quem se fala é chamado de **receptor** e pode ser percebido pelas marcas textuais de **2ª pessoa**;

– Aquilo de que se fala é chamado de **assunto ou referente** e pode ser notado pelas marcas textuais de **3ª pessoa**.

Objetivo comunicativo e campo de atuação

Nesta unidade, você estudou mais dois gêneros textuais: o **resumo** e a **resenha**. Você pôde observar que eles têm diferentes objetivos comunicativos e circulam em campos de atuação diversos.

Assim, o **resumo** geralmente tem como objetivo **expor** um assunto, transmitindo conhecimento sobre ele. Esse gênero circula principalmente no **campo das práticas de estudo e pesquisa**, que reúne textos voltados à elaboração e à sistematização do conhecimento. Outros textos que circulam nesse campo são: palestra, debate, artigo científico, texto didático, infográfico, esquema, relatório, relato (multimidiático) de campo, documentário, entre outros.

Já a **resenha** tem como objetivo comunicativo **argumentar** sobre uma obra, apresentando a opinião do autor. Ela costuma circular no **campo jornalístico-midiático**, que reúne textos ligados ao trato com informação e opinião, relacionados aos fatos que acontecem na sociedade e são divulgados em veículos de comunicação, como jornais, revistas e _sites_. Outros exemplos de gêneros desse campo são: notícia, carta de leitor, entrevista, reportagem, fotorreportagem, artigo de opinião, crônica, meme, charge, anúncio publicitário, entre outros.

Coesão e coerência: hiperonímia e hiponímia

1 Leia com atenção o texto a seguir.

> O livro *Catarina e o lagarto*, da autora Katia Gilaberte, publicado pela editora Espiral, com ilustrações de Bruna Assis Brasil, narra a história de Catarina, que tinha um lagarto, chamado Aniceto, como bicho de estimação. O lagarto foi encontrado por Catarina em uma mangueira no quintal de sua casa e, desde então, passou a ser a companhia de Catarina. O momento de encontro do lagarto com Catarina, em geral, é quando o lagarto toma seu banho de sol do dia.

- Há palavras ou expressões repetidas na escrita do parágrafo?

_____

_____

2 Agora, compare o texto acima com o primeiro parágrafo do resumo que você leu:

> O livro *Catarina e o lagarto*, da autora Katia Gilaberte, publicado pela editora Espiral, com ilustrações de Bruna Assis Brasil, narra a história de uma menina que tinha um lagarto, chamado Aniceto, como bicho de estimação. O animal foi encontrado por Catarina em uma mangueira no quintal de sua casa e, desde então, passou a ser a companhia da garotinha. O momento de encontro dos dois personagens, em geral, é quando o réptil toma seu banho de sol diário.

- Você percebeu as diferenças? A versão do texto presente na **atividade 1** apresenta repetições frequentes de determinados termos.

a) Como, na versão aqui reproduzida, evitou-se a repetição da palavra **Catarina**?

_____

_____

b) E como se evitou a repetição de **lagarto**?

_____

_____

c) No texto, empregou-se uma expressão que se refere tanto a Catarina quanto ao lagarto. Que expressão é essa?

_____

_____

_____

Um recurso para evitar a repetição de palavras nos textos é o uso de termos com sentido mais amplo do que aqueles já utilizados.

Por exemplo, a palavra **Catarina** é um substantivo feminino, usado para indicar a personagem da obra. Contudo, é possível se referir a Catarina por meio de termos como **garota**, **menina**, **criança**. Essas palavras são menos específicas que o nome próprio da personagem, mas no contexto podem ser usadas para designar Catarina.

De modo semelhante, **lagarto** é um termo que pode ser retomado por palavras como **réptil**, **animal**, **bicho**. Elas podem ser utilizadas, no contexto, para fazer referência a **lagarto**.

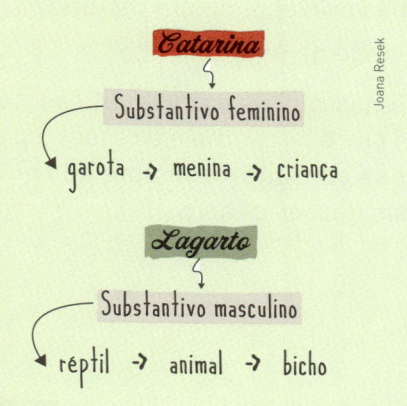

Joana Resek

Chama-se **hiperônimo** uma palavra cujo significado abrange outras.

As palavras que têm o significado englobado pelos **hiperônimos** recebem o nome de **hipônimos**, pois têm o sentido mais restrito.

3 Com base nas reflexões anteriores, responda: os termos **menina**, **garotinha**, **animal**, **réptil** e **dois personagens**, presentes no trecho que você releu, são hiperônimos ou hipônimos? Justifique.

_____

_____

_____

4 As palavras listadas a seguir são mais abrangentes (hiperônimos). Para cada uma delas, indique três palavras de sentido mais restrito (hipônimos).

animal	
brincadeira	
cor	
fruta	
publicação	

O emprego de **hiperônimos** e de **hipônimos** é um recurso linguístico para garantir a progressão do texto e a construção coesa e coerente das produções escritas.

Resumo e resenha

1. Nesta unidade, tanto o **resumo** quanto as **resenhas** trataram de um mesmo assunto: o livro *Catarina e o lagarto*, da autora Katia Gilaberte. Contudo, há uma diferença fundamental entre os objetivos dos textos. Responda oralmente.

   a) Qual é o objetivo principal de um resumo?

   b) Qual é a finalidade de uma resenha?

2. Agora, veja algumas outras características dos gêneros, observando as semelhanças entre o resumo e a resenha por meio do mapa mental a seguir. Você pode consultá-lo sempre que quiser se lembrar dos elementos principais desses gêneros.

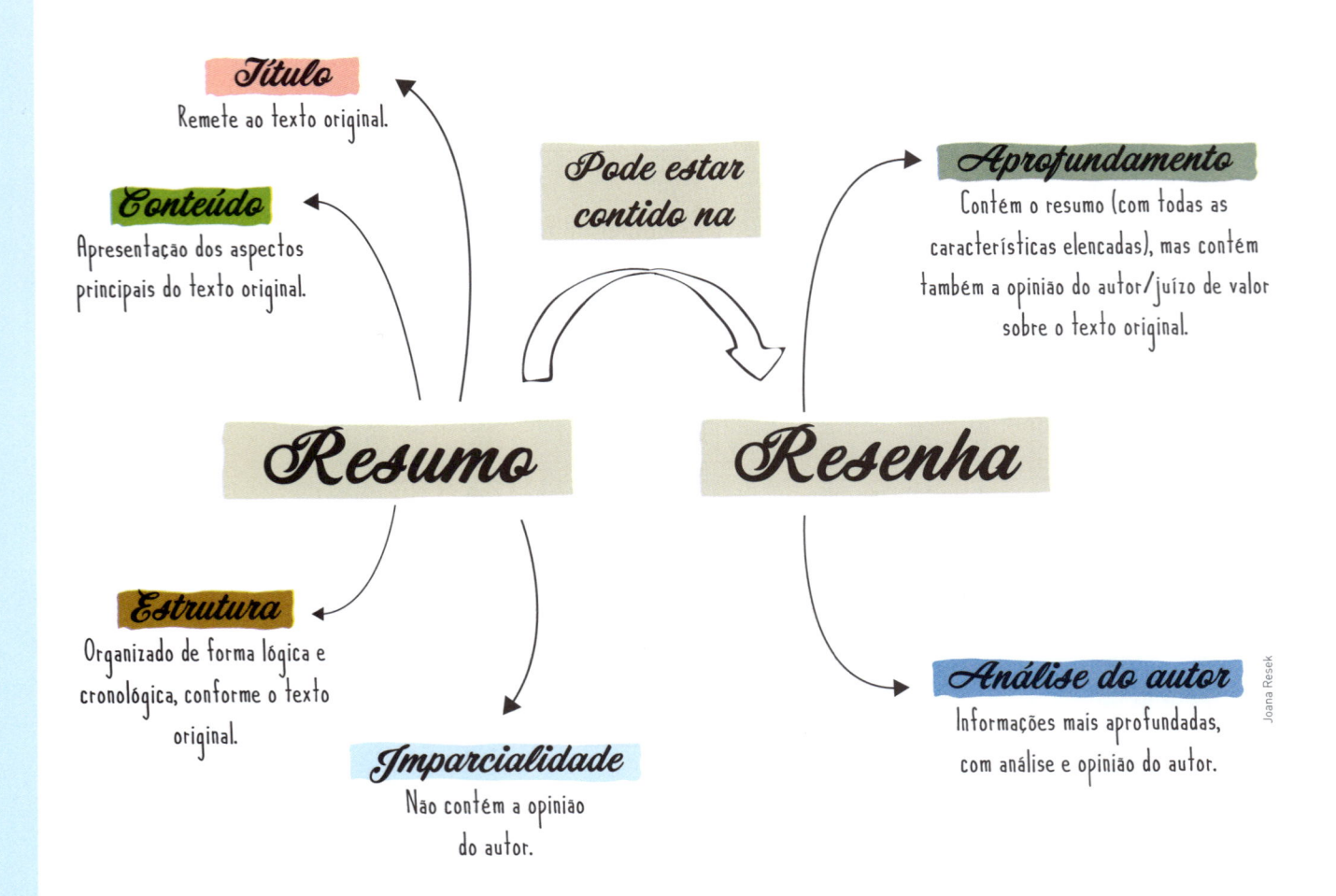

Título
Remete ao texto original.

Conteúdo
Apresentação dos aspectos principais do texto original.

Pode estar contido na

Aprofundamento
Contém o resumo (com todas as características elencadas), mas contém também a opinião do autor/juízo de valor sobre o texto original.

Resumo

Resenha

Estrutura
Organizado de forma lógica e cronológica, conforme o texto original.

Imparcialidade
Não contém a opinião do autor.

Análise do autor
Informações mais aprofundadas, com análise e opinião do autor.

Joana Resek

3. Para ampliar a reflexão sobre a relação dos gêneros estudados nesta unidade, bem como a tipologia e o campo de atuação a que pertencem, complete o quadro da próxima página. Observe os ícones que acompanham os textos e indique o campo de atuação a que pertencem.

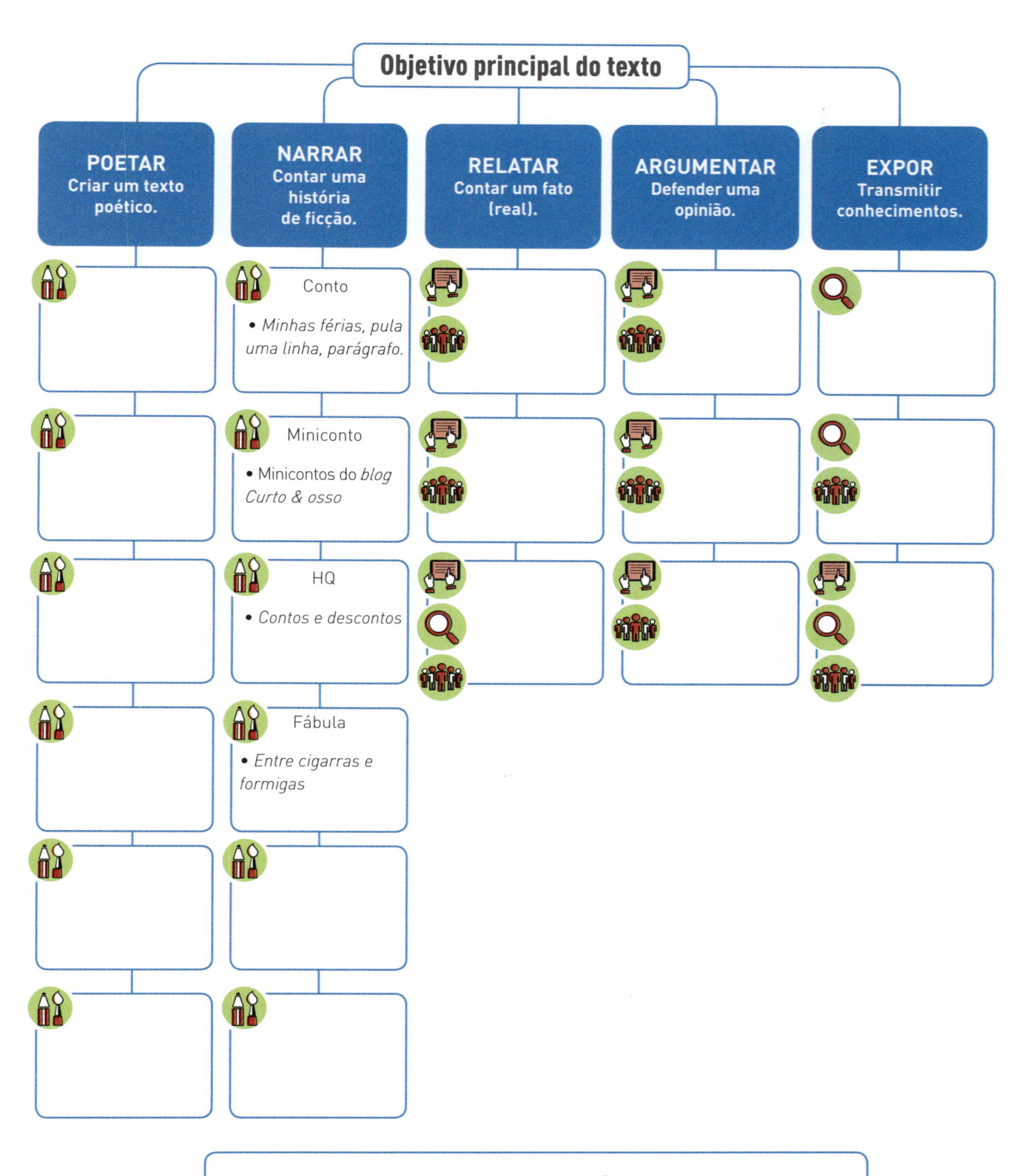

Objetivo principal do texto

POETAR — Criar um texto poético.

NARRAR — Contar uma história de ficção.

RELATAR — Contar um fato (real).

ARGUMENTAR — Defender uma opinião.

EXPOR — Transmitir conhecimentos.

Conto
- *Minhas férias, pula uma linha, parágrafo.*

Miniconto
- Minicontos do *blog Curto & osso*

HQ
- *Contos e descontos*

Fábula
- *Entre cigarras e formigas*

Campos de atuação

 Campo artístico-literário

 Campo jornalístico-midiático

 Campo das práticas de estudo e pesquisa

 Campo de atuação na vida pública

Oficina de produção escrita ■■■

Resenha

Na vida em sociedade, você tem acesso a livros, filmes, séries, peças teatrais, álbuns musicais, espetáculos de dança, *shows*... São diversos os produtos culturais existentes, e a todo momento outros são criados e divulgados.

A resenha é uma maneira de apresentar uma visão sobre o que se leu, viu, ouviu e experimentou. Qual foi o livro que você leu mais recentemente? Que tal elaborarmos agora uma resenha sobre ele?

RECORDAR

1. Lembre-se de que a resenha é um texto que, de modo sintético, expressa a opinião do autor sobre determinado produto cultural.

   - O objetivo principal da resenha é informar o leitor sobre o produto cultural escolhido e apresentar um posicionamento crítico e analítico com respeito a esse produto.
   - Além de descrever ou resumir o objeto de que trata, a resenha o avalia ao apontar aspectos positivos e/ou negativos definidos de acordo com o posicionamento e o embasamento do autor.
   - Trata-se, portanto, de um texto que apresenta informação e opinião, e é um desafio do resenhista equilibrar esses dois aspectos.

PLANEJAR

2. Escolha o livro sobre o qual será feita a resenha.

   - Reflita: Por que quero resenhar esse livro?
   - Registre as referências bibliográficas, ou seja, os dados relativos a autor, editora, local, data de publicação.

3. Liste os elementos que você julga relevantes sobre a obra (aspectos positivos, aspectos negativos, detalhes relacionados ao autor, comparações com outros livros etc.) e que podem ser úteis na construção da resenha.

4. Resuma brevemente o livro que você leu a fim de permitir a compreensão de todos que apreciarem sua resenha.

5. Feito isso, reflita sobre detalhes relativos à publicação da resenha, sempre tendo em mente o público leitor.

PRODUZIR

6. Elabore um rascunho de seu texto. Comece com as referências bibliográficas do livro. Em seguida, com base na lista feita com os pontos de destaque da obra, inicie sua produção textual.

7. Desenvolva sua resenha tendo em mente as seguintes etapas:

   - **introdução**
     > apresentação da obra, do autor, da editora, do ano de publicação;
     > contextualização;
     > apresentação do ponto de vista a ser sustentado no texto.

- **desenvolvimento**
  - › comentários que sustentam as avaliações apresentadas;
  - › argumentação, sustentação do ponto de vista.
- **conclusão**
  - › retomada do ponto de vista sobre a obra;
  - › síntese da discussão apresentada;
  - › opcionalmente, recomendação ou não da obra.

8. Construa argumentos consistentes para fundamentar de forma adequada sua análise de obra. Ao dizer que algo é positivo ou negativo, preocupe-se sempre em justificar essa avaliação. A pesquisa e o aprofundamento fornecem sustentação às avaliações críticas que você deve inserir na resenha.

9. Pense em um título que se relacione com a análise crítica que você construiu e/ou que tenha relação direta com o livro lido.

COMPARTILHAR

10. Revise, com atenção, o rascunho elaborado. Ortografia, acentuação, concordância, pontuação... Fique de olho em todos esses itens! E lembre-se de evitar as repetições de palavras.

11. Peça a um colega que leia seu texto e faça o mesmo com o texto dele. Observe as seguintes questões:

    a) O texto está adequado ao objetivo de uma resenha, apresenta o tema da obra e comentários do autor sobre ela?

    b) Ele apresenta de forma suficientemente clara a opinião do autor a respeito da obra resenhada?

    c) Os dados do autor e do texto resenhado foram apresentados?

    d) O autor foi cuidadoso ao realizar críticas?

    - Na releitura e na reescrita, tenha em mente a seguinte questão: com esta resenha, eu consigo convencer alguém de minha opinião sobre o livro? A minha visão da obra foi exposta de uma forma consistente?

    - Após observar essas características gerais na resenha, passe seu texto limpo e entregue-o ao professor. Ele avaliará a resenha e a devolverá para que você crie a versão final.

12. Crie a versão final de seu texto, fazendo as alterações necessárias com capricho e organização.

Vicente Mendonça

Oficina de produção multimodal ■■■

Vídeo para BookTube

Uma resenha pode ser escrita, mas também pode ser apresentada em vídeo.

O chamado BookTube é uma comunidade semelhante ao YouTube, mas que reúne vídeos com críticas literárias. Quem faz esses comentários sobre livros é chamado de *booktuber*.

É o caso de Marcela Alves. Em seu canal Mah Books, no YouTube (disponível em: https://www.youtube.com/channel/UCdIO4xzpglTCGpApwquWd_g; acesso em: 14 mar. 2020), ela analisa e recomenda livros.

Agora é a sua vez de ser um *booktuber*!

PLANEJAR

1. Depois de revisar e reescrever a resenha escrita na produção anterior, é hora de adaptá-la para servir de base a seu vídeo.
2. Atenção! Você não vai simplesmente ler sua resenha enquanto grava um vídeo da leitura. A resenha servirá de base para que você o grave, utilizando uma linguagem mais espontânea e coloquial.
3. Releia sua resenha, destaque os pontos mais importantes e anote-os em um roteiro, que você vai consultar para certificar-se de que não se esqueceu de nada ao gravar o vídeo.

APRESENTAR

4. Com um celular, grave seu vídeo, com base nas anotações que você fez.
5. Faça a gravação em um lugar bem iluminado e silencioso, para garantir a qualidade do vídeo e do áudio.
6. Algumas dicas para a gravação:
   a) Leitura: não leia a resenha ou o roteiro; consulte apenas os pontos que você destacou para o vídeo ficar mais espontâneo.
   b) Postura: grave sentado ou em pé, mas mantenha a coluna ereta e olhe para a câmera de frente.
   c) Voz: pronuncie bem as palavras, em um tom adequado.
7. Não se esqueça de destacar os principais pontos da sua resenha: o título e o autor do livro que você resenhou, um pequeno resumo da obra e o que você achou dela.
8. Utilize uma linguagem coloquial, como se estivesse conversando com o espectador, buscando convencê-lo a ler – ou não – o livro que você resenhou. Atenção: cuidado com o vocabulário. As gírias são permitidas, mas sem exagero. Lembre-se de que você precisa ser compreendido por todas as pessoas que assistirem ao vídeo.
9. Você pode segurar o livro resenhado enquanto grava o vídeo. Além disso, depois de baixar o vídeo, pode editá-lo e cortar partes que não ficaram muito boas ou acrescentar efeitos, como figuras e sons. Há vários programas de edição de vídeo, inclusive aplicativos, que você pode utilizar no celular.

10. Compartilhe com um colega o vídeo que você gravou. Vocês vão avaliar os seguintes pontos:

    • O vídeo foi gravado em um ambiente iluminado e silencioso?

    • A linguagem utilizada é clara e adequada ao público?

    • Foi feita uma resenha do livro, com as informações principais e a opinião sobre a obra?

11. Se o colega responder negativamente a alguma dessas perguntas, corrija o vídeo antes de disponibilizá-lo na internet.

COMPARTILHAR

12. Depois de finalizar o vídeo, disponibilize-o no YouTube, junto aos vídeos dos colegas. Para isso, vocês podem criar um canal, um Book-Tube da turma, com todos os vídeos dos *booktubers*. No título, é importante que cada vídeo contenha o nome da obra resenhada e o nome do *booktuber*.

13. Em seguida, deixe comentários interessantes em pelo menos três vídeos de seus colegas, expressando educadamente sua opinião sobre a crítica literária que eles fizeram.

14. Ao término da atividade, entre novamente no seu vídeo, veja as observações deixadas pelos colegas e responda a elas.

 Conheça

Livros
• *O livro dos porquês*, de vários autores. São Paulo: Companhia das Letrinhas, 2018.
• *Memórias de um aprendiz de escritor*, de Moacyr Scliar. São Paulo: Companhia Editora Nacional, 1984.
• *501 livros que merecem ser lidos*, de Denise Imwold *et al.* São Paulo: Larousse, 2011.

Filmes
• *Meu pé de laranja lima*, direção de Marcos Bernstein. Brasil, 2013, 109 min.
• *Pets – A vida secreta dos bichos 2*, direção de Chris Renaud. Estados Unidos, 2019, 86 min.

Sites
• Enciclopédia Itaú Cultural. Disponível em: https://enciclopedia.itaucultural.org.br/. Acesso em: 29 abr. 2020.
• Britannica Escola. Disponível em: https://escola.britannica.com.br/. Acesso em: 29 abr. 2020.

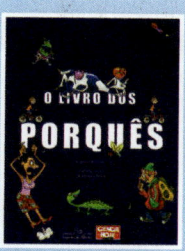

Companhia das Letrinhas

Globo Filmes

UNIDADE 4

Márcia Zoet/Ilumina Imagens

Palavras poéticas

Aglomeração de populares sob a chuva. São Paulo (SP), 2017.

Você já pensou na importância da palavra? Por meio dela, é possível demonstrar pensamentos e sentimentos. Seja falada ou escrita, cada palavra tem um sentido próprio, que pode variar de acordo com o contexto.

A palavra **chuva**, por exemplo, quando usada em uma previsão meteorológica, refere-se a uma informação sobre o clima. Mas **chuva** pode ser usada em uma canção, com sentido poético, para manifestar sentimentos. Portanto, a mesma palavra é capaz de expressar diferentes pensamentos e sensações.

Essa diversidade de usos reforça o valor das palavras. Com elas podemos contar e recontar histórias, chorar, rir, entender os outros, criar confusão e até brincar...

Nesta unidade, você vai ler e criar poemas.

Observe a imagem de abertura e faça o que se pede.

- A imagem poderia ser descrita como um "mar de guarda-chuvas". Explique essa afirmação.
- O título desta unidade é "Palavras poéticas". O que você conhece sobre poemas?

O que você vai estudar?	**O que você vai produzir?**
Gêneros textuais	Oficina de produção
• Cordel	• Poema (escrita)
• Poema visual	• Videopoema
Língua e linguagem	(multimodal)
• Denotação e conotação	

Antes de ler ■■▪

1. Observe a forma do texto que você vai ler agora. Ele é escrito em prosa ou em verso?

2. Agora, leia o título. É possível confirmar sua resposta anterior com alguma palavra dele?

3. Ainda com base no título, qual parece ser o tema do texto?

Guia poético [em verso e rima] de como se transformar numa heroína

Caras amigas e amigos,
Hoje venho apresentar
Fatos e feitos históricos
De gente bem singular
Nos dão lições de bravura
São exemplos de figura
Do mais alto **patamar**

Eu quero homenagear
As mulheres da história
Que nos servem como guia
Pela sua trajetória
Heroínas femininas
Provam que qualquer menina
Pode ser forte e **notória**

Tiro logo da memória
Uma brava sertaneja
Que foi **Maria Bonita**
Que viveu sua **peleja**
Ao lado de Lampião
Do Cangaço, no Sertão
Lembrada onde quer que seja

Uma moça **benfazeja**
Joana d'Arc, a guerreira
Liderou enorme exército
Da França honrou a bandeira
Mas ao cessar a batalha
Sofreu a justiça falha:
Foi queimada na fogueira

Ilustrações: Vicente Mendonça

Dandara foi prisioneira
Durante a escravidão
Lutou pelo povo negro
Buscando a libertação
Zumbi foi seu companheiro
O Quilombo o seu Terreiro
De Fé e Revolução

Merece nossa atenção
A Rainha, poderosa
Que foi **Cleópatra** do Egito
Do deserto a mais famosa
Soberana inteligente
Que governou sua gente
De maneira audaciosa

Com uma voz melodiosa
Balangandãs a valer
Carmem Miranda é pra sempre!
Impossível de esquecer!
Se no rádio ela cantava
Quem ouvia, balançava
Sem parar de remexer!

Ainda vale dizer
Sobre a artista persistente
Frida Kahlo, a mexicana
Que até hoje encanta a gente
Por seu legado em Pintura
Por ser uma criatura
De alma livre e irreverente!

Malala pediu somente
Que a deixassem estudar
Que deixassem as meninas
Serem livres pra sonhar
Mas no seu país então
A resposta foi um NÃO
E ela decidiu lutar...

Ilustrações: Vicente Mendonça

Vicente Mendonça

E assim pôde conquistar
O Prêmio Nobel da Paz
A mais jovem ativista
Que até hoje foi capaz
De vencer, por ser tão forte
Ela que enfrentou a morte
E a tirania **voraz**

Eu não seria capaz
De encerrar essa listagem
De mulheres exemplares
Cheias de fibra e coragem
Elegi representantes
Pra mim significantes
E aqui fica esta mensagem:

Podemos ser personagem
Principal de uma mudança!
Você que é menina hoje
Pode virar liderança
O lugar de uma Mulher
É o lugar que ela quiser
Guarde isso na lembrança!

Mariane Bigio. Guia poético [...]. *Mariane Bigio*. Disponível em: https://marianebigio. com/2017/03/23/guia-poetico-em-verso-e-rima-de-como-se-transformar -numa-heroina/. Acesso em: 12 fev. 2020.

Glossário

balangandã: enfeite.
benfazejo: generoso.
notório: conhecido.
patamar: estágio, nível.
peleja: luta.
voraz: violento.

Quem é a autora?

Mariane Bigio (1987-) nasceu no Recife, Pernambuco. É graduada em Comunicação Social pela Universidade Federal de Pernambuco (UFPE) e pós--graduada em Cultura e Comunicação nas Faculdades Integradas Barros Melo (AESO). Mariane é escritora, cantora e contadora de histórias. Trabalha com formação de professores, além de ministrar oficinas de literatura para crianças e jovens.

Lara Valença

Interagindo com o cordel

1 Verifique se, além das palavras já destacadas no glossário, há outras que você não conhece. Tente descobrir o seu significado pelo contexto da frase. Se não conseguir, procure-as no dicionário.

a) Anote o significado delas.

_____

_____

_____

_____

b) Depois de conhecer o significado de todas as palavras, releia o poema e converse com os colegas sobre a questão a seguir.

- Que diferenças você observou em relação à primeira leitura?

2 O texto que você acabou de ler é um cordel, organizado em estrofes e versos.

a) Quantas estrofes tem esse cordel?

_____

b) Quantos versos tem cada estrofe?

_____

3 Releia a estrofe a seguir observando os destaques.

> Ainda vale dizer
> Sobre a artista persist**ente**
> **Frida Kahlo**, a mexicana
> Que até hoje encanta a g**ente**
> Por seu legado em Pint**ura**
> Por ser uma criat**ura**
> De alma livre e irrever**ente**!

a) O que as cores usadas indicam?

_____

_____

_____

b) Por que há palavras que não foram coloridas?

_____

_____

_____

_____

4 Preencha o diagrama com o nome das mulheres citadas no poema.

a) Siga as dicas e os números para escrever os nomes nos quadrinhos.

1. Guerreira que lutou pela libertação do povo negro escravizado.
2. Pintora de personalidade livre e irreverente.
3. Uma inteligente e poderosa rainha.
4. A mais jovem ganhadora do Prêmio Nobel da Paz.
5. Heroína histórica que liderou um exército na França.
6. Cantora de voz melodiosa, impossível de esquecer.
7. Uma corajosa mulher que viveu no Sertão brasileiro.

Ilustrações: Vicente Mendonça

| P | O | E | M | A | * | D | E | * | C | O | R | D | E | L |

b) Escreva a expressão que foi formada nos quadrinhos destacados.

_____

atividade oral c) Com dois ou três colegas, faça uma pesquisa sobre uma das perso-
nalidades citadas no poema e no dia marcado pelo professor apresentem as informações para a turma.

5 Leia o verbete a seguir e o texto no final da próxima página. Então, com base neles e no cordel lido, responda às questões.

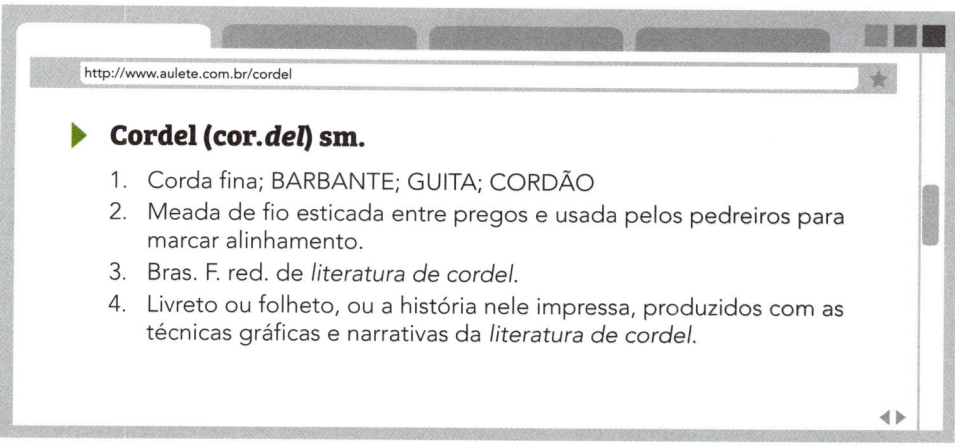

http://www.aulete.com.br/cordel

▶ **Cordel (cor.*del*) sm.**

1. Corda fina; BARBANTE; GUITA; CORDÃO
2. Meada de fio esticada entre pregos e usada pelos pedreiros para marcar alinhamento.
3. Bras. F. red. de *literatura de cordel*.
4. Livreto ou folheto, ou a história nele impressa, produzidos com as técnicas gráficas e narrativas da *literatura de cordel*.

Cordel. *Aulete*. Disponível em: http://www.aulete.com.br/cordel.
Acesso em: 12 fev. 2020.

a) No verbete, qual dos sentidos da palavra cordel está relacionado ao texto lido?

_____

b) Qual é o assunto principal do cordel lido?

_____

_____

c) Na segunda estrofe, a autora deixa evidente o principal objetivo do poema. Com suas palavras, escreva qual é esse objetivo.

_____

_____

_____

_____

d) Por que, no cordel, a linguagem tende à informalidade? Explique sua resposta e dê exemplos.

_____

_____

_____

_____

_____

_____

6 Numa folha à parte, faça uma pesquisa sobre mulheres que se destacaram na história de sua cidade, de seu estado, no país e no mundo. Anote informações de, pelo menos, três nomes.

7 Releia a primeira estrofe do poema.

> Caras amigas, e amigos,
> Hoje venho apresentar
> Fatos e feitos históricos
> De gente bem singular
> Nos dão lições de bravura
> São exemplos de figura
> Do mais alto patamar

a) Que expressão é utilizada no texto para se dirigir aos leitores?

_____

_____

b) Considere sua resposta anterior e releia a última estrofe do poema.

> Podemos ser personagem
> Principal de uma mudança!
> Você que é menina hoje
> Pode virar liderança
> O lugar de uma Mulher
> É o lugar que ela quiser
> Guarde isso na lembrança!

- O texto dirige-se especificamente a um tipo de leitor e é transmitida uma mensagem. Para quem é essa mensagem?

_____

- Que mensagem é essa?

_____

_____

Os temas da literatura de cordel são populares, e a linguagem é informal, bem próxima da língua oral. Por isso, dizemos que o cordel é uma manifestação artística popular. O termo **cordel** vem da origem desse tipo de produção artística. Os poemas eram impressos em livretos e pendurados em cordas para serem expostos e vendidos. Em geral, a literatura de cordel tem o objetivo de entreter ou informar o leitor/ouvinte.

J.L. Bulcão/Pulsar Imagens

Marilda Ladeira

O espelho
é o maior barato!
Ele engole
a gente inteira:
- feia, suja,
chorando, rindo,
fazendo careta
gente branca
gente preta
não faz diferença;
menino,menina,
pai, mãe, vô, vó
o espelho não escolhe
e nem mente.
Eu fico contente
quando ele
me olha
igual eu sou!

Marilda Ladeira. *Viver poesia*. Juiz de Fora: Funalfa, 2011. p. 9.

Antes de ler ▪▪▪

1 Observe o texto ao lado. O que você acha que vai ler agora?
2 Apenas observando o texto, descreva como ele está disposto na página.

Quem é a autora?

Marilda Ladeira nasceu em 1929, em Belo Horizonte, MG. Na cidade mineira de Juiz de Fora (onde faleceu em 2016), trabalhou como jornalista e publicitária. Publicou livros de poesia, conto e crônica.

Cadija Costa

Interagindo com o poema visual

1 De que assunto o **poema visual** trata?

_____

_____

> O **poema visual** é um gênero composto de imagens e palavras que explora recursos gráficos diversos. A obra poética resulta do modo como esses elementos se combinam, seja reforçando o sentido das palavras, seja criando ainda novos sentidos para elas. Em alguns casos, a linguagem verbal nem sequer é utilizada.

2 Explique o apelo visual evidenciado no poema.

_____

_____

_____

3 Releia os versos iniciais.

ohleqze O **O espelho**
!otɐɹɐd ɹoiɐɯ o é **é o maior barato!**
ǝloƃuǝ ǝlƎ **Ele engole**
:ɐɹiǝtni ǝtnǝƃ ɐ **a gente inteira:**

Marilda Ladeira

a) Qual é o sentido do verbo **engolir** no contexto?

_____

_____

_____

b) Segundo o poema, por que o espelho é "o maior barato"?

_____

_____

c) Transcreva um trecho do poema que comprove sua resposta à pergunta anterior.

_____

_____

_____

4 Tradicionalmente, poemas são escritos em versos e organizados em estrofes. Quantos versos e quantas estrofes tem esse poema?

_____

5 O poema apresenta rimas?

_____

_____

6 Releia o trecho final do poema.

Marilda Ladeira

> **Eu fico contente**
> **quando ele**
> **me olha**
> **igual eu sou!**

a) Que pronome pessoal representa o eu lírico no poema?

_____

_____

b) Que sentimentos e ideias o eu lírico manifesta nos versos finais do poema?

_____

_____

_____

_____

Eu lírico (ou **sujeito poético**) é a voz que fala no poema. O **autor** é quem cria o texto, e nem sempre o eu lírico expressa os sentimentos dele. Trata-se, portanto, não do "eu real", mas do **sujeito poético.**

7 Em alguns versos, o eu lírico personifica o espelho.

- Dê o exemplo de um verso em que ocorre personificação.

_____

_____

_____

_____

_____

_____

_____

Personifica-ção é uma figura de linguagem por meio da qual são atribuídas caracte-rísticas ou atitudes humanas a seres inanimados.

Campos de atuação

Você se lembra da unidade em que conhecemos o conto e o miniconto? Assim como esses gêneros narrativos, os gêneros que estudamos nesta unidade – cordel e poema visual – pertencem ao **campo de atuação artístico-literário**, que, como vimos, relaciona-se com a experiência estética e o prazer com a leitura e a produção de textos relacionados à literatura e às artes. Além de contos e poemas, são exemplos de gêneros pertencentes a esse campo: fábulas, lendas, mitos, crônicas, canções, quadrinhos, tirinhas, charges e cartuns.

Cordel e poema visual

1 Poemas são textos escritos em versos e organizados em estrofes. Então, tanto o cordel "Guia poético [em verso e rima] de como se transformar numa heroína" como o texto "O espelho" são poemas. Mas os textos também apresentam diferenças.

a) Qual deles corresponde a um texto mais lírico, intimista, que manifesta as impressões pessoais do eu lírico sobre si mesmo e seus sentimentos em relação ao mundo ao redor?

_____

b) Qual deles se aproxima de configuração própria de textos narrativos?

_____

2 Depois de estudar os gêneros **cordel** e **poema visual** e conhecer suas principais características, observe o mapa mental a seguir, que resume outras semelhanças e diferenças.

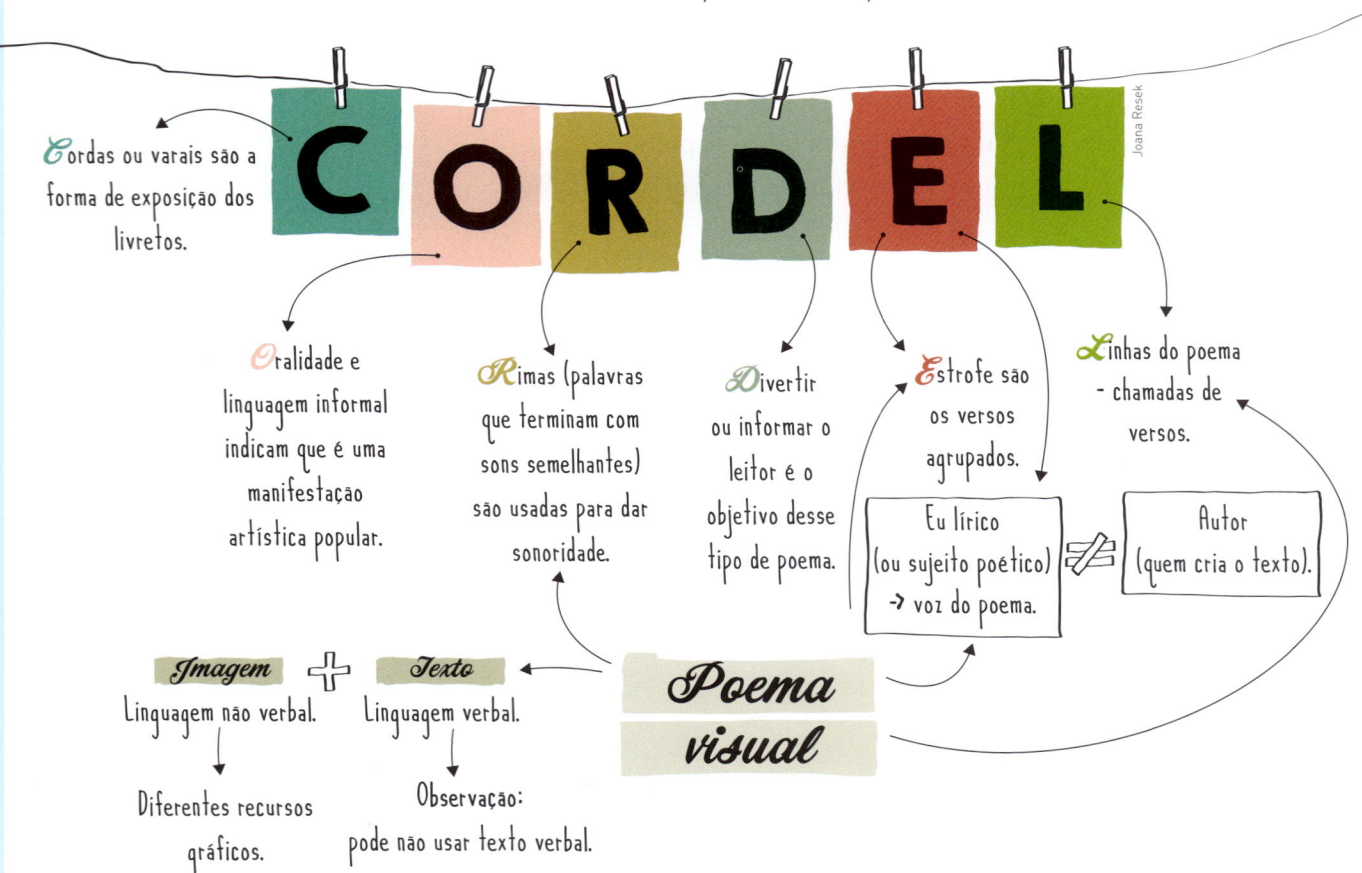

3 Agora, complete o quadro da próxima página com o título e o gênero dos textos. Observe os ícones que acompanham os textos e indicam o campo de atuação a que pertencem.

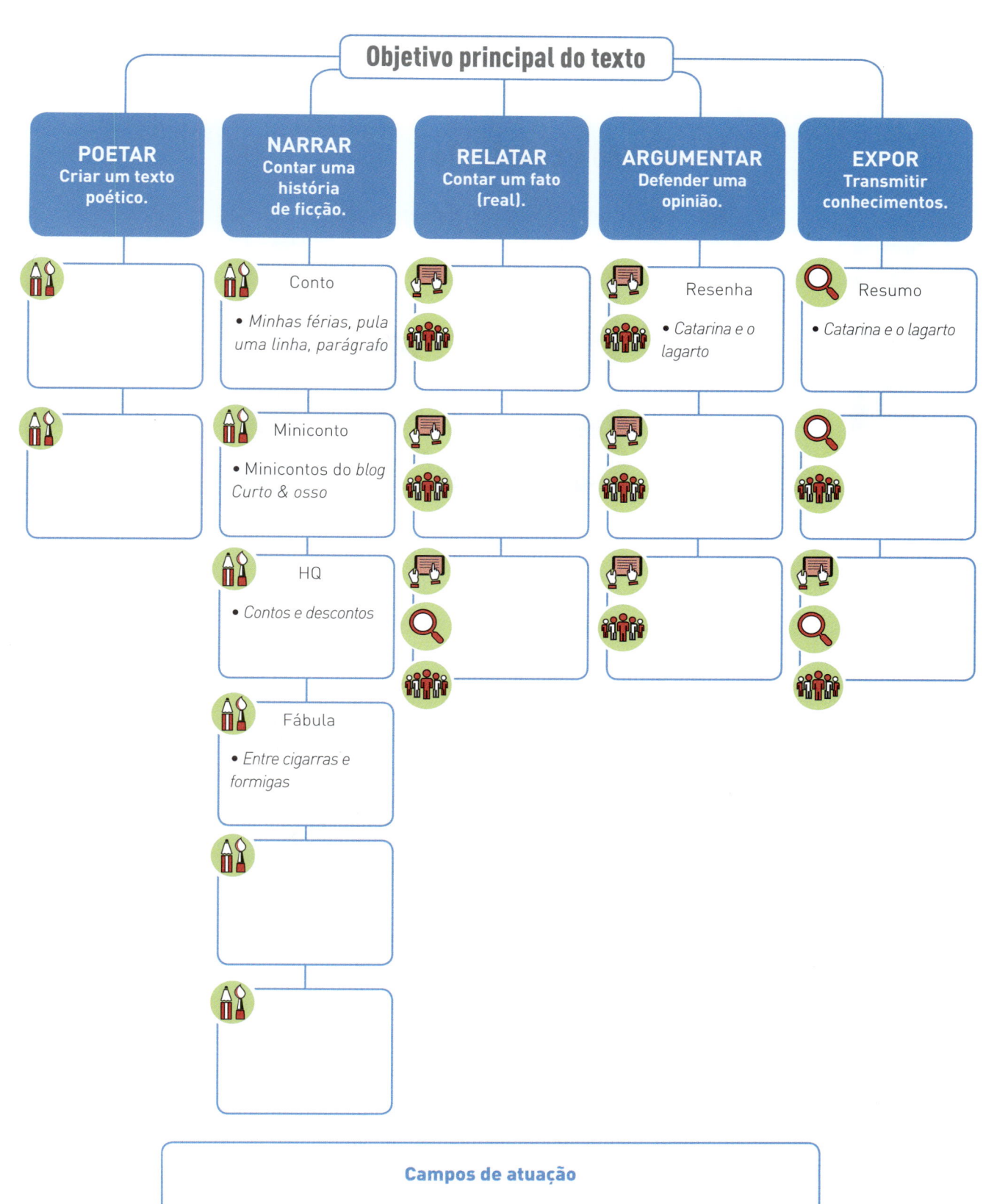

Objetivo principal do texto

POETAR — Criar um texto poético.

NARRAR — Contar uma história de ficção.

RELATAR — Contar um fato (real).

ARGUMENTAR — Defender uma opinião.

EXPOR — Transmitir conhecimentos.

Conto
- *Minhas férias, pula uma linha, parágrafo*

Resenha
- *Catarina e o lagarto*

Resumo
- *Catarina e o lagarto*

Miniconto
- *Minicontos do blog Curto & osso*

HQ
- *Contos e descontos*

Fábula
- *Entre cigarras e formigas*

Campos de atuação

 Campo artístico-literário

 Campo jornalístico-midiático

 Campo das práticas de estudo e pesquisa

 Campo de atuação na vida pública

Denotação e conotação

1 Leia a tirinha e responda à pergunta.

MOÇO, É AQUI A OFICINA DE TIRAS?

SIM! QUER PARTICIPAR?

NÃO.

Alexandre Beck 2578/17

EU QUERO CONSERTAR UMA TIRA!

Alexandre Beck

Alexandre Beck. Disponível em: https://files.nsctotal.com.br/styles/paragraph_image_style/s3/imagesrc/23794138.jpg?EceWK.66sGYRmwEAgQx5OyhI01CtyjuO&itok=2_U42DoR&width=750. Acesso em: 19 fev. 2020.

a) No segundo quadrinho, qual o sentido da palavra **tira** entendido pelo personagem com quem Armandinho – o protagonista – conversa?

_____

_____

b) O que gera o efeito de humor na tirinha?

_____

_____

_____

_____

_____

_____

_____

_____

_____

_____

_____

As **palavras** são **polissêmicas**, ou seja, têm mais de um significado. Esses significados variam de acordo com o contexto.

2 Leia o poema a seguir, observando a brincadeira que se faz com algumas palavras e expressões.

Atenção, detetive

Se você for detetive,
descubra por mim
que ladrão roubou o cofre
do banco do jardim
e que padre disse amém
para o amendoim.

Se você for detetive,
faça um bom trabalho:
me encontre o dentista
que arrancou o dente do alho
e a vassoura sabida
que deixou a louca varrida.

Se você for detetive,
um último lembrete:
onde foi que esconderam
as mangas do colete
e quem matou os piolhos
da cabeça do alfinete?

José Paulo Paes. *Poemas para brincar*. São Paulo: Ática, 2011.

- Vamos pensar um pouco mais sobre a relação entre o sentido das palavras e o contexto em que elas são usadas? Anote, abaixo de cada palavra, os sentidos que elas podem ter.

    a) Banco.

    _____

    _____

    b) Dente.

    _____

    _____

    c) Varrida.

    _____

    _____

    d) Cabeça.

    _____

    _____

3 Além de as palavras terem sentidos diversos, elas podem ser utilizadas no **sentido denotativo** – literal – e no **sentido conotativo** – figurado. O sentido figurado não é usado apenas no campo literário. No dia a dia, mesmo sem perceber, fazemos uso da conotação. Leia o quadro a seguir e depois resolva as questões.

Sentido denotativo

O sentido mais comum de uma palavra é o **literal**. Por exemplo, o sentido literal de **cobra** é "animal de corpo alongado, sem membros, que rasteja".

Sentido conotativo

Quando empregamos uma palavra com um sentido novo, diferente do literal, dizemos que seu sentido é **figurado**. Por exemplo, na frase "Ele é uma cobra", a palavra **cobra** tem sentido figurado: significa "má, perversa".

- Encontre nas frases a seguir as palavras que têm duplo sentido e indique com que sentido elas foram empregadas. Use o dicionário sempre que for preciso.

a) Rafael encheu o pé e mandou uma bomba para o gol.

_____

_____

_____

_____

b) A bola morreu no canto direito do goleiro.

_____

_____

_____

c) O time, empurrado pela torcida, virou o jogo.

_____

_____

_____

_____

_____

d) Depois que o pênalti foi perdido, o treinador pegou no pé do atacante.

_____

_____

_____

4 Leia o anúncio a seguir, observando o duplo sentido da expressão **Vista essa camisa**.

Disponível em: https://pbs.twimg.com/media/CYYJOa9WkAAzQKn.jpg.
Acesso em: 12 fev. 2020.

a) Qual é o sentido literal – ou seja, o sentido denotativo – da expressão?

_____

_____

b) Qual é o sentido figurado – ou seja, o sentido conotativo – da expressão?

_____

_____

_____

c) De que maneira o desenho na camiseta contribui para a eficácia da mensagem?

_____

_____

_____

_____

Oficina de produção escrita ■■■

Poema

Nesta unidade, você estudou algumas características dos gêneros poema de cordel e poema visual. Agora, comporá seu próprio poema para recitá-lo em um sarau de poemas na escola.

RECORDAR

1. Recorde as características do gênero poema e responda às questões.

a) Em um poema, o texto é escrito em prosa ou em versos?

b) Qual é a função das rimas?

c) É imprescindível haver rima em um poema?

d) A variante linguística de um poema tende a ser formal ou informal?

PLANEJAR

2. Sente-se com um colega para criar um poema.

- O tema será o mesmo de "Atenção, detetive", de José Paulo Paes. Ou seja, vocês devem criar um poema que fale sobre palavras e expressões engraçadas do dia a dia.
- Pensem nas expressões que você, seus amigos e seus familiares usam frequentemente, nas frases que se repetem nas redes sociais etc.
- O público-alvo de seu poema será o infantojuvenil, ou seja, pessoas de 8 a 12 anos de idade. Procurem adequar a linguagem de modo que o texto seja acessível a todos!

3. As dicas a seguir facilitam a criação do poema.

- Pesquisem algumas frases ou expressões.
- Escrevam, no quadro a seguir, as palavras e expressões escolhidas e deem uma definição para cada uma delas.

Palavra ou expressão	Definição

- Usem a variante formal da língua para escrever as definições.
- Decidam se os versos serão rimados ou não.
- Se os versos forem rimados, pensem nas palavras que podem formar rimas.
- Definam a quantidade de estrofes do poema. Vocês podem escrever uma estrofe para cada expressão, por exemplo.

PRODUZIR

4. Sigam estas orientações para fazer o rascunho do texto:
   - Organizem os versos em estrofes e decidam se elas serão mais ou menos dependentes umas das outras.
   - Criem um título para o poema.
   - Ao terminar, releiam-no em voz alta e observem se a linguagem está compreensível e coerente e se a forma do texto é adequada ao gênero.

REVISAR E COMPARTILHAR

5. Troquem o poema que vocês escreveram com outra dupla. Peçam aos colegas que o leiam e deem sugestões e opiniões.
   Ao ler o poema dos colegas, observem se:
   - as ideias estão compreensíveis ou algum aspecto dificulta o entendimento.
   - o texto está organizado em versos e estrofes.
   - os versos têm rimas ou a forma livre foi escolhida.
   - o título está adequado e interessante.
6. Ouçam os comentários dos colegas e do professor e, em seguida, releiam seu texto com um olhar mais cuidadoso.
7. Reescrevam o poema com as alterações necessárias. Entreguem-no ao professor.
8. Quando os textos forem devolvidos, ajudem o professor a organizar um sarau de poesia e convidem outras pessoas para conhecer os poemas da turma.

Quasimodo Art/Shutterstock.com

Oficina de produção multimodal ■■■

Videopoema

Pelo nome **videopoema** é possível imaginar qual é o gênero que você produzirá nesta unidade: um texto que une **vídeo** e **poema**. Mas como fazer isso?

Você vai usar o poema que compôs com o colega na produção anterior e, então, montar um vídeo que reúna o texto escrito a imagens estáticas ou em movimento, gestos, músicas, efeitos sonoros, atuação diante da câmera e o que mais a criatividade permitir.

Antes de colocar a mão na massa, ou melhor, nos versos, vamos conhecer um exemplo de videopoema.

CONHECER

O **videopoema** também pode ser chamado de videopoesia, clipoema ou poesia multimídia. É um gênero discursivo multimodal, pois reúne diferentes linguagens: texto escrito, imagens, gestos, música, efeitos sonoros etc.

A primeira videopoesia foi criada em 1968 pelo escritor e artista plástico português E. M. de Melo e Castro e chama-se *Roda lume*.

O videopoema tem a mesma função da poesia, que é reinterpretar a realidade subjetivamente. Para isso, utiliza figuras de linguagem, efeitos sonoros rítmicos e, em geral, cria uma composição em versos e estrofes. Porém, como se trata de um vídeo poético, ao texto verbal se somam as imagens (estáticas e em movimento) e os sons.

1. Para conhecer um exemplo desse gênero multimodal, veja com os colegas o videopoema *Água*, de Arnaldo Antunes.

Água/Arnaldo Antunes

PLANEJAR

2. Depois de assistir ao videopoema de Arnaldo Antunes, reúna-se com o colega com quem produziu o poema na **Oficina de produção escrita** e planejem um roteiro para o vídeo, considerando alguns aspectos:

   - Para acompanhar o texto verbal, serão usadas imagens estáticas ou em movimento?
   - Vocês interpretarão o poema diante das câmeras, gravarão o áudio com a leitura ou utilizarão apenas as imagens e o texto?
   - Serão utilizadas músicas e efeitos sonoros?
   - Como o texto vai se relacionar com as imagens e os sons?

3. Para auxiliar na organização, vocês podem fazer um roteiro por escrito. Por exemplo:

Tempo	Vídeo	Áudio
0-15 s	Imagem 1 – pássaros voando. Imagem 2 – corações.	Leitura da primeira estrofe, com música alegre: (nome da música).
15-20 s	Atuação de (nome) lendo ou interpretando.	Leitura da segunda estrofe.
20-23 s	Imagem com palavras do poema...	Apenas música de fundo/efeito sonoro: (nome)...

PRODUZIR

4. Se vocês forem gravar trechos com a leitura do poema, seja diante ou atrás das câmeras (o chamado *off*, ou seja, apenas o áudio), lembrem-se de cuidar do tom de voz, da postura e da interpretação.

5. Utilizem um *software* de edição de vídeos (busquem na internet ou em aplicativos de celular). Reúnam as imagens, o texto, os efeitos visuais e sonoros, as músicas e o que mais a criatividade permitir.

REVISAR

6. Depois que o videopoema estiver pronto, troquem-no com outra dupla, para uma avaliação mútua. Considerem as seguintes questões:

- O videopoema transmite emoção, com um texto que trata da realidade de modo subjetivo?

- O vídeo associou texto verbal, imagens e sons?

- Se houve atuação ou leitura do texto em *off*, isso foi feito de modo nítido e compreensível?

7. Façam os ajustes necessários antes de entregar ao professor.

COMPARTILHAR

8. Reúnam os videopoemas da turma em um DVD ou disponibilizem no *site* da escola ou, ainda, em um *site* criado especificamente para essas produções.

 Conheça

Livros
- *Cordelendas*, de César Obeid. São Paulo: Editora do Brasil, 2014.
- *Travessia do poema*, de Maria Nazaré de Carvalho Laroca. Campinas: Pontes, 2012.

Vídeo
- *Para vler poesia-curta.* Direção de Andrei Miralha e Marcílio Costa. Brasil, 2013, 3 min. Disponível em: www.youtube.com/watch?v=zVZT-gc3_dY. Acesso em: 12 fev. 2020.

Sites
- Academia Brasileira de Literatura de Cordel. Disponível em: www.ablc.com.br. Acesso em: 17 nov. 2019.
- Fundação Joaquim Nabuco. Disponível em: http://www.fundaj.gov.br. Acesso em: 2 maio 2020.

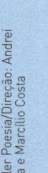

A alma do negócio

Armazém no Vale da Pedra, Aiuruoca (MG), 2019.

Você conhece o ditado que diz que "a propaganda é a alma do negócio"? Essa frase indica a importância de se divulgar algo que se quer vender. E dois gêneros muito utilizados para isso são a publicidade e a propaganda. Mas qual é a diferença entre eles?

Em ambos, o objetivo é vender, convencer a pessoa a quem é dirigida a mensagem. A diferença está no fato de que a publicidade vende um produto, enquanto a propaganda vende uma ideia. São esses conceitos que vamos estudar nesta unidade.

Você já deve ter visto comerciais na TV, nos intervalos da programação, assim como deve ter observado anúncios em revistas e jornais, em cartazes de rua, sem esquecer aqueles que surgem nos *sites* que acessa. Mas você já se perguntou o que é necessário para se fazer uma boa publicidade ou propaganda?

Observe, na fotografia, a cena retratada.

- **A foto foi tirada em um ambiente urbano ou rural? Indique elementos da imagem que comprovam sua resposta.**
- **Qual é a função do anúncio presente na cena?**
- **Em seu cotidiano você vê anúncios do mesmo tipo? Qual é a função deles?**

O que você vai estudar?

Gêneros textuais
- Propaganda
- Anúncio publicitário

Língua e linguagem
- Efeitos de sentido da linguagem publicitária

O que você vai produzir?

Oficina de produção
- Campanha publicitária (cartaz, vídeo e *jingle*) (multimodal)

O que os olhos não veem, a natureza sente

Disponível em: https://www.greenpeace.org/brasil/participe/divulgue-o-greenpeace/midia-impressa/. Acesso em: 21 fev. 2020.

Antes de ler ■■■■

1 Observe o texto que você vai ler agora. Como são denominados textos como esse?

2 De que parece tratar o texto?

Campanha educativa

As propagandas desta página fazem parte de uma campanha educativa da ONG Greenpeace. Uma campanha reúne peças diferentes. Peça é o nome dado a cada tipo de material de propaganda: *spot* (áudio) de rádio, cartaz, vídeo, página para revista e jornal etc. Cada peça é destinada a um veículo de comunicação e todas seguem o mesmo tema. Estas propagandas integram a ela faz parte da campanha "O que os olhos não veem, a natureza sente", desenvolvida pela agência Y&R, em 2018. Peças como estas, que trazem imagens de macacos bugios e de tamanduás, respectivamente, são em geral criadas para serem publicadas em jornais ou revistas.

Interagindo com a propaganda

1 Qual é o objetivo principal da propaganda lida?

a) Vender um produto.

b) Informar sobre um fato.

c) Fazer um apelo ao leitor.

d Narrar uma história.

> A **propaganda** tem como objetivo promover uma instituição ou divulgar uma ideia, com a intenção de influenciar o leitor e convencê-lo a aderir a uma causa ou a mudar uma atitude.

2 O texto principal da propaganda estabelece uma relação de intertextualidade com outro texto.

a) Com qual texto a propaganda estabelece intertextualidade?

_____

_____

_____

_____

b) Por que, provavelmente, a propaganda escolheu estabelecer intertextualidade justamente com esse gênero?

_____

_____

_____

_____

c) Como a alteração de sentido do texto original contribui para o sentido da propaganda?

_____

_____

_____

_____

_____

_____

_____

_____

_____

> A **intertextualidade** é um recurso de linguagem que consiste no diálogo entre dois textos, ou seja, quando um texto se baseia em outro, o cita literalmente ou faz referência indireta a ele.

3 Qual denúncia é feita por meio do texto?

   a) O cuidado que se deve ter com florestas e animais.

   b) A exploração exagerada dos recursos naturais da Terra.

   c) A destruição das matas nativas do Brasil.

   d) O permanente compromisso com a despoluição.

4 Observe a parte não verbal da propaganda, que apresenta a fotografia de dois macacos conhecidos como bugios.

   a) Descreva a imagem, salientando o que ela lembra.

   _____
   _____
   _____
   _____
   _____
   _____
   _____

   b) Para quem o macaco da imagem parece olhar?

   _____

   c) Por que, na lateral superior esquerda da propaganda há uma legenda onde se lê: "Imagem criada digitalmente"?

   _____
   _____
   _____
   _____

   d) Relacione o sentido da imagem ao texto verbal da propaganda.

   _____
   _____
   _____
   _____
   _____
   _____
   _____
   _____
   _____
   _____

Marcos Amend/Pulsar Imagens

Bugios, macacos-uivadores, guaribas ou barbados é como são conhecidos os macacos do gênero *Alouatta*, nativos da América Central e América do Sul. No Brasil, eles ocorrem na Amazônia e Mata Atlântica (bugios-ruivos e de mãos-ruivas) e no Cerrado e Pantanal.

5 Sobre os elementos que compõem as propagandas, indique a resposta correta.

a) As propagandas empregam apenas linguagem verbal.

b) As propagandas utilizam apenas linguagem não verbal.

c) As propagandas empregam tanto recursos verbais como não verbais.

d) As propagandas não precisam estabelecer relação de sentido entre os recursos verbais e os não verbais que utilizam.

6 Observe o logotipo da propaganda e responda às questões.

Agência Y&R/Greenpeace

> **Logotipo** é uma palavra de origem grega composta de *logos*, que tem o sentido de "significado", e *typos*, que significa "símbolo" ou "figura". Nesse contexto, é o símbolo utilizado para representar uma instituição.

a) Que instituição é responsável pelo texto? Qual é a relação dessa autoria com o gênero textual?

_____

_____

_____

_____

_____

b) O que você sabe sobre essa instituição?

_____

_____

_____

c) Por que o logotipo dessa instituição foi colocado na propaganda?

_____

_____

7 Em sua opinião, propagandas como essa conseguem chamar a atenção do leitor e atingem o objetivo de convencê-lo a tomar uma atitude em relação aos problemas ambientais? Por quê?

_____

_____

_____

_____

_____

Antes de ler

1 Observe o texto que você vai ler agora. Do que acha que ele trata?

2 Por que o texto reúne linguagem verbal e linguagem não verbal?

3 A qual gênero esse texto pertence?

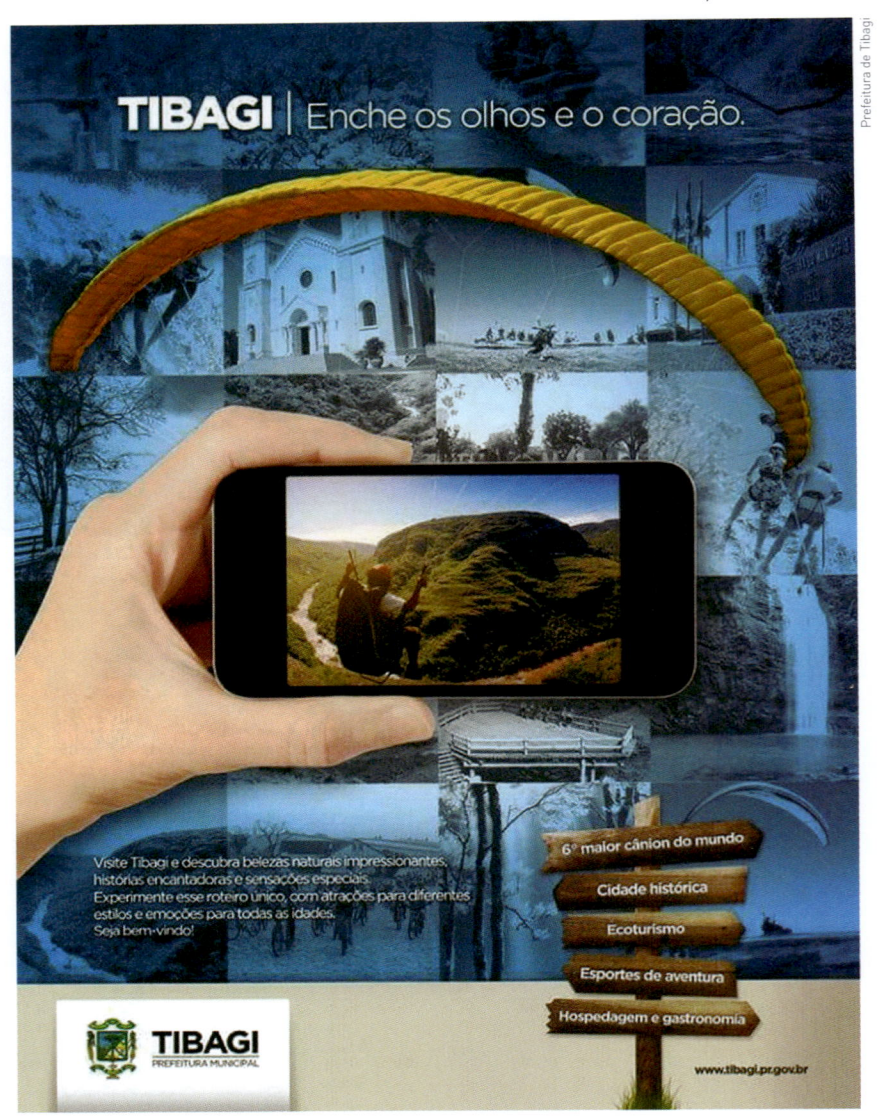

Disponível em: https://scontent-gig2-1.xx.fbcdn.net/v/t1.0-9/56944950_163486477 3282581_4013927949232242688_n.jpg?_nc_cat=100&_nc_sid=110474&_nc_eui2=AeF3gLL 27QCmxgU78geONlNBPhCjfq9ZB5o-EKN-r1kHmp2SbsYijXIOr7pb79367EOum9PxUJr7fl s4GTX0ocjW&_nc_ohc=nRoDjPVXxqgAX_dFUXT&_nc_ht=scontent-gig2-1.xx&oh=2474b 285264be9acbf81d5d7394c6351&oe=5EDCD248. Acesso em: 28 fev. 2020.

Campanha publicitária

Além de campanhas educativas, ou seja, voltadas para despertar conscientização nas pessoas em relação a algum assunto, existem campanhas publicitárias, como a do anúncio acima. Esse tipo de campanha também envolve diferentes peças, mas seu objetivo é vender um produto ou, no caso dessa, apresentar os atributos de uma cidade, convidando as pessoas para visitarem-na. Além desse cartaz, a campanha teve uma peça que foi publicada no jornal de Tibagi, para comemorar os 143 anos da cidade.

Interagindo com o anúncio publicitário

1 Observe novamente a indicação da instituição responsável pelo anúncio.

TIBAGI
PREFEITURA MUNICIPAL

Prefeitura de Tibagi

a) Com que intenção o anúncio foi criado?

_____

_____

_____

b) A quem o anúncio se destina, ou seja, quem é o público-alvo da publicidade?

_____

_____

_____

_____

_____

_____

2 O anúncio foi feito com recursos verbais e não verbais.

atividade oral

a) Descreva as imagens utilizadas.

b) Na peça publicitária, pode-se ver um parapente, que constitui um equipamento semelhante a um paraquedas, usado para voo, tanto com objetivos recreativos quanto profissionais. Na sua opinião, de que maneira imagens como a do parapente e da câmera de um celular chamam a atenção do leitor?

_____

_____

_____

_____

_____

_____

_____

_____

_____

3 Com base nos textos da publicidade, marque **V** para as alternativas verdadeiras e **F** para as falsas.

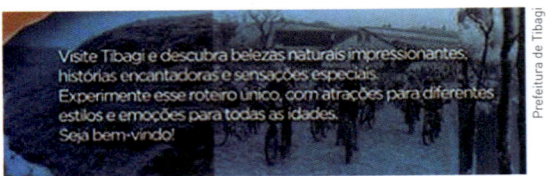

a) ☐ O texto apresenta detalhes sobre o que está sendo anunciado, a fim de convencer o leitor das vantagens de se visitar o local.

b) ☐ Os verbos **visite** e **experimente** estão no modo imperativo, indicando um pedido ou uma ordem, o que é um recurso comum em gêneros publicitários.

c) ☐ O uso de adjetivos como **impressionantes**, **encantadoras**, **especiais** e **único** não interfere no efeito de sentido pretendido pelo anúncio.

d) ☐ A expressão **Seja bem-vindo!** é direcionada aos possíveis turistas que são convidados a visitar Tibagi.

4 Releia a chamada principal do anúncio.

TIBAGI | Enche os olhos e o coração.

• Segundo o *slogan* do texto, por que o turista deve visitar a cidade de Tibagi?

5 Releia o final da publicidade.

a) Qual é a função dessas expressões finais?

_____

_____

b) Explique a relação entre a forma como elas foram organizadas e o tema do anúncio.

_____

_____

_____

_____

Um ***slogan*** é constituído de uma frase curta e fácil de ser lembrada. É usado para promover uma marca, um produto, uma instituição ou uma ideia. As características mais importantes do que está sendo divulgado precisam ser mostradas de forma rápida e chamar a atenção. Para ser eficaz, o *slogan* deve ser criativo e inteligente. É importante que ele ressalte as qualidades do que está sendo anunciado, de modo a ser lembrado e repetido com frequência.

6 Antes mesmo de ler as palavras do anúncio, o primeiro contato que você teve com a mensagem foi visual. Por isso, a publicidade escolhe o *design* gráfico ideal para transmitir cada mensagem.

- Com base na explicação ao lado, no estudo do **texto 2** e em seus conhecimentos, assinale as alternativas corretas.

    a) Nas peças de publicidade, sempre se busca usar a fonte tipográfica ideal para o público-alvo, por exemplo, uma que tenha desenho leve e divertido, a fim de atrair a atenção.

    b) O nome do produto anunciado (a cidade de Tibagi) e o *slogan* aparecem no alto do anúncio em letras grandes para chamar a atenção.

    c) Na maioria dos anúncios, o criador não se preocupa muito com a escolha da fonte tipográfica, pois isso não tem importância na publicidade.

    d) A tipografia do anúncio foi escolhida porque deixa a leitura mais difícil, assim como a escrita em placas de sinalização turística.

7 O anúncio publicitário é definido por seu objetivo. Assinale o objetivo do anúncio estudado:

a) Expor informações sobre determinado objeto ou conceito.

b) Narrar um caso que teria acontecido com um personagem.

c) Relatar um fato, uma experiência do narrador.

d) Convencer o interlocutor a comprar um produto.

8 O anúncio que você leu é um exemplo de texto publicitário e foi veiculado em um cartaz impresso. Que outro meio de circulação poderia ser usado para divulgar esse anúncio sem precisar mudar sua forma de organização?

a) Comercial de televisão.

b) Comercial de rádio.

c) Página de revista.

d) Novelas, exposto pelos personagens (*merchandising*).

> *Design* **gráfico**, também conhecido por **diagramação**, é a técnica de compor o texto visualmente. Um texto de jornal ou as páginas de um livro precisam ser lidos à distância de 30 cm a 40 cm e não devem cansar os olhos do leitor. Já um texto de um *outdoor* precisa ser legível mesmo a uma grande distância e deve propiciar uma leitura rápida. A escolha da fonte tipográfica também pode expressar uma impressão ou uma ideia, como limpeza, elegância e juventude.

Campo de atuação jornalístico-midiático e campo de atuação na vida pública

A publicidade e a propaganda fazem parte do **campo de atuação jornalístico-midiático**, porque tratam de informações e opiniões que contribuem para a construção do conhecimento. Mais especificamente, esses gêneros vendem uma ideia e/ou um produto, tentando convencer o público a comprá-los. Também fazem parte desse campo de atuação: notícia, reportagem, artigo de opinião, editorial, resenha crítica, crônica, comentário, *vlog* cultural, meme, charge, *jingle*, *spot*, entre outros.

A publicidade e a propaganda pertencem igualmente ao **campo de atuação na vida pública**, que reúne textos das esferas jornalística, publicitária, política, jurídica e reivindicatória, contemplando temas que impactam a cidadania e o exercício de direitos. Os gêneros discursivos, por sua função social e por seu objetivo comunicativo, podem pertencer a diferentes campos de atuação simultaneamente.

Assim, gêneros como discussão oral, debate, palestra, apresentação oral, notícia, reportagem, artigo de opinião, cartaz, *spot*, propaganda (de campanhas variadas, nesse campo inclusive de campanhas políticas), estatuto, regimento, projeto cultural, carta aberta, carta de solicitação, carta de reclamação, abaixo-assinado, petição *on-line*, requerimento, turno de fala em assembleia, tomada de turno em reuniões, edital, proposta, ata, parecer, enquete, relatório etc. são exemplos de textos que pertencem ao campo de atuação na vida pública, mas também aos campos jornalístico-midiático e/ou de práticas de estudo e pesquisa.

Efeitos de sentido da linguagem publicitária

Você já parou para observar os recursos utilizados nos anúncios para criar um discurso persuasivo e convencer o leitor? Vamos pensar sobre isso?

1 Leia a propaganda a seguir.

EM POUCO TEMPO, UM FÓSFORO PODE TRANSFORMAR O VERDE... EM CINZA.

Queimada é crime.
combata esse mal.

PREFEITURA DE
MANAUS

Prefeitura de Manaus

Disponível em: https://www.portaldoholanda.com.br/sites/default/files/imagecache/portal2014_fotonoticiagrande/portaldoholanda-796640-imagem-foto-amazonas.jpg. Acesso em: 12 mar. 2020.

a) Identifique as palavras que têm sentidos contrários.

_____

b) Explique o sentido causado pelo uso da **metonímia** em **o verde**.

_____

_____

_____

A **metonímia** é uma figura de linguagem em que se utiliza um termo em lugar de outro, havendo entre eles semelhanças e relação de sentido próxima. Veja alguns exemplos:

Em *Estou lendo **Cecília Meireles***, ocorre substituição do autor pela obra: *Estou lendo a obra literária de **Cecília Meireles***.

Em *Muitas **cabeças** passavam rapidamente*, ocorre substituição da parte pelo todo: *Muitas pessoas passavam rapidamente*.

c) Agora explique o sentido causado pela ==ambiguidade== na palavra **cinza**.

_____

_____

_____

d) Levando em conta as respostas anteriores, explique: qual **mensagem subliminar** ajuda o anunciante a vender a ideia da propaganda?

_____

_____

_____

> **Mensagem subliminar** é a mensagem que fica subentendida. Apesar de não ser explícita, atua no subconsciente do leitor de maneira sutil, com o objetivo de incentivar algum tipo de comportamento, seja a compra de um produto, seja uma mudança de atitude.

e) Observe as imagens, cores e formas utilizadas na peça mostrada na página anterior. O que esses elementos pretendem simbolizar? Essa escolha foi aleatória? Explique.

_____

_____

_____

_____

_____

_____

f) O texto explora uma figura de linguagem denominada **personificação**. De que maneira isso é feito?

_____

_____

> **Personificação** (ou prosopopeia) é uma figura de linguagem por meio da qual seres inanimados manifestam atitudes ou sentimentos humanos.

g) Explique a função do *slogan* dessa propaganda.

_____

_____

_____

_____

_____

Propaganda e anúncio publicitário

1 Associe as características dos gêneros estudados de acordo com a legenda.

(1) Propaganda

(2) Anúncio publicitário

(3) Ambos

☐ Linguagem coloquial, própria da expressão oral.

☐ Linguagem adaptada para o público-alvo.

☐ Mensagem curta para comunicação rápida.

☐ Tenta convencer o leitor a comprar um produto.

☐ Utiliza linguagem mista, que une texto escrito e imagens.

☐ Procura convencer o leitor a aderir a uma ideia.

☐ Apresenta uma logomarca, com o nome da empresa ou instituição que criou o texto.

2 Observe, agora, o mapa mental. Você pode consultá-lo sempre que quiser se lembrar dos elementos principais desses gêneros.

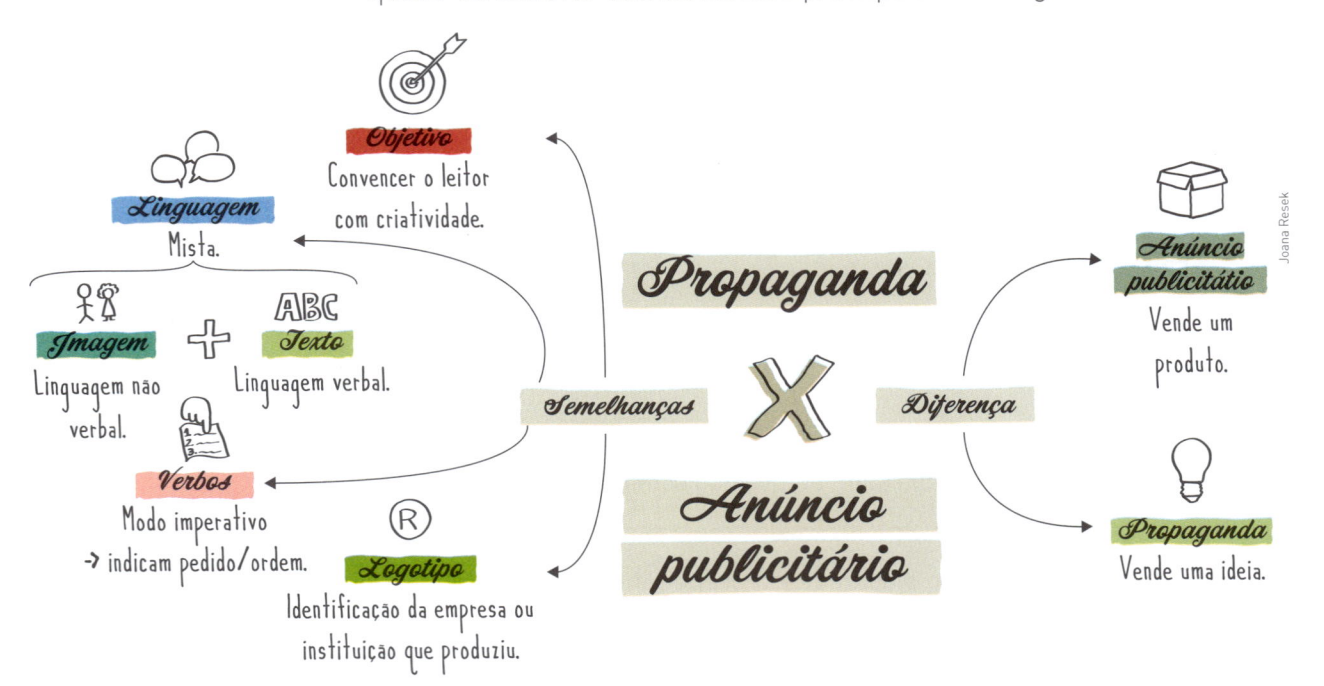

3 Para compreender melhor a relação entre os gêneros estudados nesta unidade, bem como a tipologia e o campo de atuação a que pertencem, complete o quadro da página ao lado.

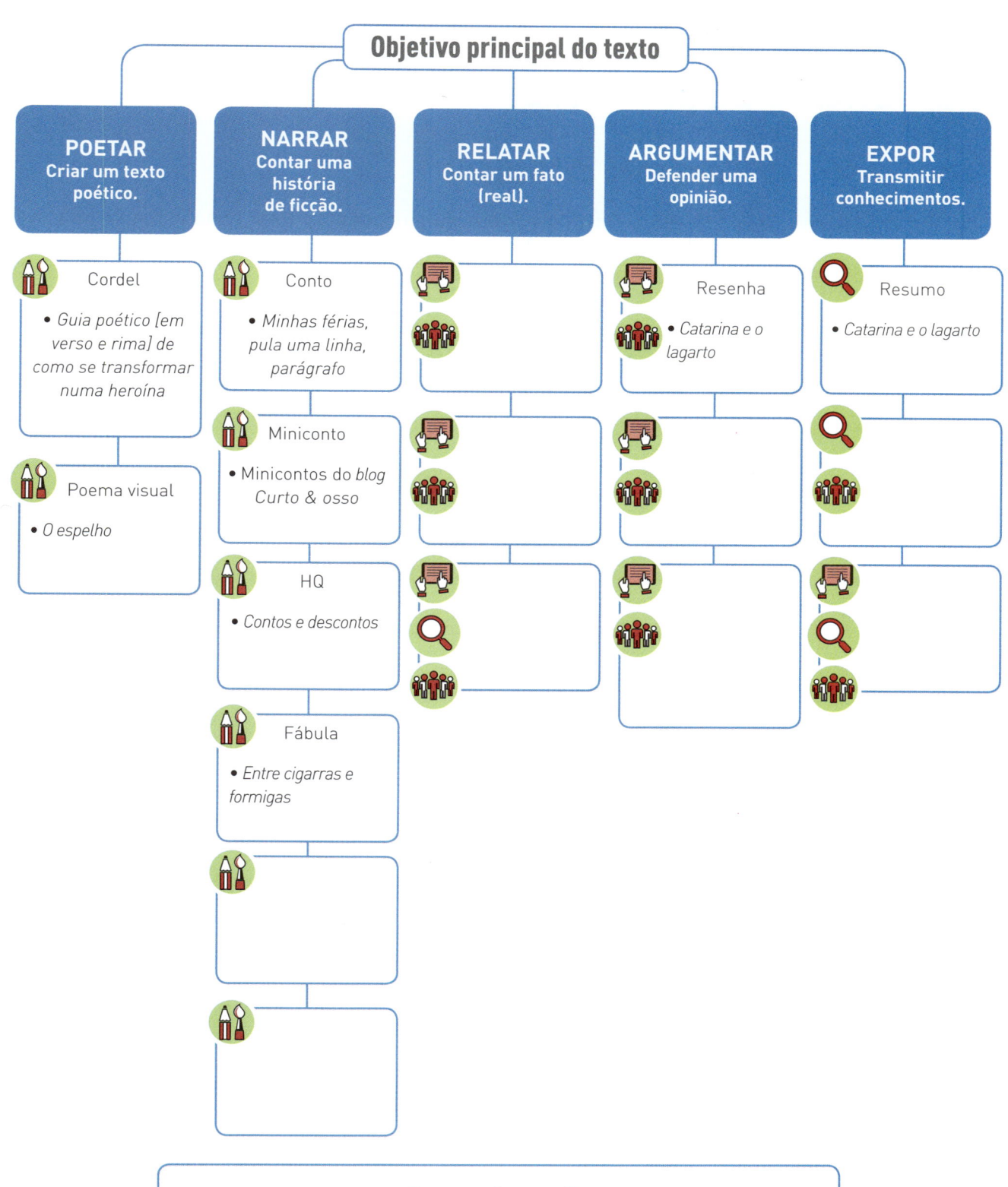

Objetivo principal do texto

POETAR
Criar um texto poético.

NARRAR
Contar uma história de ficção.

RELATAR
Contar um fato (real).

ARGUMENTAR
Defender uma opinião.

EXPOR
Transmitir conhecimentos.

POETAR

Cordel
- *Guia poético [em verso e rima] de como se transformar numa heroína*

Poema visual
- *O espelho*

NARRAR

Conto
- *Minhas férias, pula uma linha, parágrafo*

Miniconto
- *Minicontos do blog Curto & osso*

HQ
- *Contos e descontos*

Fábula
- *Entre cigarras e formigas*

ARGUMENTAR

Resenha
- *Catarina e o lagarto*

EXPOR

Resumo
- *Catarina e o lagarto*

Campos de atuação

Campo artístico-literário

Campo jornalístico-midiático

Campo das práticas de estudo e pesquisa

Campo de atuação na vida pública

Oficina de produção multimodal ■■■

Campanha publicitária

Nesta unidade, você estudou, nos **textos 1** e **2**, uma propaganda e um anúncio publicitário. Agora, em grupo, você vai produzir uma campanha publicitária, ou seja, um conjunto de textos com o mesmo tema, para diferentes mídias.

Uma campanha pode ter comerciais para TV, *outdoor*, *spot*, anúncio em jornal e revista, entre outros. Mas todas as peças de uma campanha terão o mesmo tema, a mesma identidade visual e o mesmo texto verbal, o que se chama identidade visual.

Veja, como exemplo, a campanha "Defenda os Corais da Amazônia", do Greenpeace, no endereço: https://www.greenpeace.org/brasil/participe/defenda-os-corais-da-amazonia/.

RECORDAR

1. A publicidade e a propaganda relacionam linguagem verbal a não verbal. São gêneros multimodais, criados com palavras, imagens, e às vezes sons, que são combinados para compor a ideia divulgada e convencer o público-alvo. Responda c almente às perguntas a seguir.

    a) O que é público-alvo?

    b) Qual é a importância de conhecer o público-alvo para a produção e exposição de um anúncio publicitário ou de uma propaganda?

PLANEJAR

2. Em trio, vocês criarão uma campanha sobre coleta seletiva de lixo na escola.

3. Vocês farão três peças publicitárias:

    - um cartaz com o tamanho de uma folha de papel sulfite, para ser afixado no mural da escola;
    - um vídeo de 30 segundos, para ser distribuído pelas redes sociais;
    - um *jingle* para ser divulgado nas redes sociais.

    > *Jingle* é uma pequena canção publicitária com uma mensagem musicada que consiste em estribilho simples e de curta duração, próprio para ser lembrado e cantarolado com facilidade.

4. Com esse tema, comecem a elaborar o *briefing*, ou seja, uma ideia inicial de como será a campanha. Nele, vocês devem considerar:

    - qual é a forma mais interessante de apresentar a campanha;
    - quais textos e imagens transmitirão melhor a mensagem elaborada;
    - qual é o público-alvo da campanha. (Não se esqueçam de que ela será divulgada nos espaços da escola e será vista por alunos, professores e demais funcionários.)

PRODUZIR

5. Agora que elaboraram o *briefing*, é preciso produzir o rascunho das peças. Pensando na melhor forma de alcançar o público-alvo, vocês deverão:

   - criar um *slogan*, uma frase curta e chamativa, com a ideia central da campanha, que deverá aparecer nas três peças;
   - definir que imagens serão usadas no cartaz e no vídeo;
   - selecionar imagens ou produzir ilustrações;
   - definir as cores que serão utilizadas, pensando no que será destacado;
   - escolher o tipo e tamanho da fonte, ou seja, a tipografia;
   - decidir sobre as músicas e os efeitos sonoros.

6. Elaborem o cartaz, o vídeo e o *jingle*, mantendo a identidade visual da campanha, com bastante criatividade.

REVISAR E COMPARTILHAR

7. Depois de elaboradas, troquem as peças da campanha com outro trio e as avaliem, respondendo às questões a seguir.

   - As peças publicitárias mantêm a unidade, tendo uma identidade visual?
   - A campanha tem como meta convencer o público?
   - A linguagem está adequada ao público-alvo?

8. Caso tenham respondido negativamente a alguma das perguntas, corrijam o que for necessário e preparem a versão final das peças.

9. Entreguem as peças da campanha para o professor.

10. Com a campanha pronta, afixem os cartazes nos murais da escola e divulguem os vídeos e os *jingles* nas redes sociais, de modo a atingir a maior quantidade de pessoas da comunidade escolar.

 ## Conheça

Livro

- *A viagem de Mucuvinha:* rumo ao fim do mundo, de Renan Greinert. São Paulo: Amazon, 2017.

Série e filmes

- *Abstract – The art of design* (8 episódios), Netflix, 2017.
- *O Lorax: em busca da trúfula perdida*, direção de de Chris Renaud, Estados Unidos, 2012, 95 min.
- *Saneamento básico*, direção de Jorge Furtado, Brasil, 2007, 112 min.

Sites

- Greenpeace. Disponível em: https://www.greenpeace.org/brasil/. Acesso em: 15 jan. 2020.
- Propagandas históricas. Disponível em: https://www.propagandashistoricas.com.br/. Acesso em: 15 jan. 2020.

Casa de Cinema de Porto Alegre

UNIDADE 6

De olho na cultura popular

Congada. Igreja de São Benedito. Aparecida (SP), 2006.

Cantigas de roda, provérbios, adivinhas, superstições, lendas e danças: tudo isso e muito mais faz parte do que chamamos de **cultura popular**, ou seja, a cultura do povo, que nasce com ele e com ele se desenvolve.

Cultura é o resultado da interação entre pessoas de uma mesma região ou de um mesmo grupo. Ela surge da mistura de ideias, hábitos, crenças, que formam o conjunto de costumes de uma comunidade. A cultura também expressa a ligação dos seres humanos com o ambiente em que vivem, com o espaço geográfico, a fauna, a flora e o clima.

Nesta unidade, você terá a oportunidade de conhecer histórias da cultura popular, transmitidas oralmente, de geração em geração, e registradas por importantes autores brasileiros.

Sobre a fotografia, responda:

- **O que a cena mostrada ilustra? Descreva-a detalhadamente.**
- **A Congada é uma manifestação da cultura popular. O que você sabe sobre ela?**
- **Que outras festas populares você conhece ou costuma frequentar na região em que vive?**

O que você vai estudar?	O que você vai produzir?
Gêneros textuais	**Oficina de produção**
• Conto popular	• Texto teatral e encenação (escrita e oral)
• Texto teatral	
Língua e linguagem	
• Efeitos da pontuação no texto	

A festa no céu

(Adaptação do conto de Luís da Câmara Cascudo)

Entre os bichos da floresta, espalhou-se a notícia de que haveria uma festa no céu. Porém, só foram convidados os animais que voam. As aves ficaram animadíssimas com a notícia e começaram a falar da festa por todos os cantos da floresta. Aproveitavam para provocar inveja nos outros animais que não podiam voar.

Contudo, um sapo muito malandro, que vivia no brejo, bem lá no meio da floresta, ficou com muita vontade de participar do evento. Resolveu que iria de qualquer jeito e saiu espalhando para todos que também havia sido convidado.

Os animais que ouviam o sapo contar vantagem de que também havia sido convidado para a festa no céu riam dele. Imaginem um sapo, pesadão, que não aguentava nem correr, quanto mais voar até a tal festa! Impossível! Durante muitos dias, o pobre sapinho virou motivo de gozação em toda a floresta.

– Tira essa ideia da cabeça, amigo sapo! – dizia o esquilo, descendo da árvore. – Bichos como nós, que não voam, não temos a mínima chance de aparecer na festa no céu.

– Fale por você! Eu vou, sim – dizia o sapo muito esperançoso. – Ainda não sei como, mas irei. Não é justo fazerem uma festa dessas e excluírem a maioria dos animais.

Depois de muito pensar, o sapo formulou um plano. Horas antes da festa, procurou o urubu. Conversaram muito e se divertiram com as piadas que o sapo contava. Já era quase noite, o sapo se despediu do amigo.

– Bom, meu caro urubu, vou indo para o meu descanso, afinal mais tarde preciso estar bem disposto e animado para curtir a festa.

– Você vai mesmo, amigo sapo? – perguntou o urubu, meio desconfiado.

Fabio Eugenio

– Claro, não perderia essa festa por nada – disse o sapo já em retirada. – Até amanhã!

Porém, em vez de sair, o sapo deu uma volta, pulou a janela da casa do urubu e, vendo a viola dele em cima da cama, resolveu esconder-se dentro dela.

Chegada a hora da festa, o urubu pegou a sua viola, amarrou-a em seu pescoço e voou em direção ao céu.

Ao chegar ao céu, o urubu deixou sua viola num canto e foi procurar as outras aves. O sapo aproveitou o momento para espiar e, vendo que estava sozinho, deu um pulo saltando para fora da viola, todo contente.

As aves ficaram muito surpresas ao verem o sapo dançando e pulando no céu. Todos queriam saber como ele havia chegado lá, mas o sapo, esquivando-se, mudava de conversa e ia se divertir.

Estava quase amanhecendo quando o sapo resolveu que era hora de se preparar para a "carona" com o urubu. Saiu sem que ninguém percebesse e entrou na viola do urubu, que estava encostada em um cantinho do salão.

O sol já estava surgindo quando a festa acabou e os convidados foram voando, cada um para o seu destino.

O urubu pegou a sua viola e voou em direção à floresta.

Voava tranquilo quando no meio do caminho sentiu algo se mexer dentro da viola. Espiou dentro do instrumento e avistou o sapo dormindo, todo encolhido, parecendo uma bola.

– Ah! Que sapo folgado! Foi assim que você foi à festa no céu? Sem pedir, sem avisar e ainda me fez de bobo!

E, lá do alto, ele virou sua viola até que o sapo despencou direto para o chão.

A queda foi impressionante. O sapo caiu em cima das pedras, no leito de um rio, e mais impressionante ainda foi que ele não morreu.

[...] Mas nas suas costas ficou a marca da queda; uma porção de remendos. [...]

Christiane Angelotti. A festa no céu. *Para educar.*
Disponível em: http://www.paraeducar.com.br/p/a-festa-no-ceu.html?m=1. Acesso em: 10 mar. 2020.

Fabio Eugenio

Quem é a autora?

Christiane Angelotti nasceu e trabalha em São Paulo. É graduada em Fonoaudiologia pela PUC-SP. Também foi editora de Literatura Infantojuvenil e de Educação, com passagem em editoras de livros didáticos. Em 2016, criou o *site* educativo Para Educar e edita o portal de literatura *Revista Gueto.* Autora do livro de crônicas *A construção da paisagem.*

Arquivo da autora

Interagindo com o conto popular

 **1** Vamos recordar a sequência de acontecimentos?

a) Quem são os personagens da história?

b) Como o sapo consegue ir à festa no céu para a qual foram convidados apenas os animais que voam?

c) Explique o desfecho da narrativa.

2 Assinale a alternativa correta sobre o conto "A festa no céu":

a) É um diálogo, como se percebe graças à ausência de um narrador.

b) É uma narração, pois foi escrito para que o leitor reflita sobre a moral que está no final da história.

c) É uma narração, pois apresenta uma história com personagens interagindo em um enredo, além de um tempo no qual os fatos se desenrolam, entre outros elementos desse tipo de texto.

Cultura popular e intertextualidade

A cultura popular emerge das tradições e dos costumes de um povo. Fazem parte dela as manifestações culturais de que determinados grupos sociais participam ativamente. Por isso, comportamento, conhecimentos, crenças e tradições, assim como a relação com o ambiente e a realidade, são representados por meio de formas de expressão artística diversas: dança, música, festas, artes plásticas, literatura...

Na literatura, há gêneros textuais intimamente ligados à cultura popular, como lendas e fábulas. Há, ainda, aqueles que dialogam com ela e seus mitos, como filmes, romances, contos, charges e história em quadrinhos.

MULHER de trinta. Disponível em: https://bit.ly/2WsUOYW. Acesso em: 3 maio 2020.

O sapo (ou a rã), por isso, são personagens revisitados em textos diversos. Veja um exemplo:

A intertextualidade com mitos da cultura popular alimenta a criação de novos textos e, certamente, torna-se mais uma fonte de preservação dessa cultura e da identidade do povo que ela representa.

3 Leia novamente o trecho a seguir e preste atenção à forma de organização do texto:

> Durante muitos dias, o pobre sapinho virou motivo de gozação de toda a floresta.
>
> – Tira essa ideia da cabeça, amigo sapo! – dizia o esquilo, descendo da árvore. – Bichos como nós, que não voam, não temos a mínima chance de aparecer na festa no céu.
>
> – Fale por você! Eu vou, sim dizia o sapo muito esperançoso. – Ainda não sei como, mas irei. Não é justo fazerem uma festa dessas e excluírem a maioria dos amimais.
>
> Depois de muito pensar, o sapo formulou um plano.

- Sublinhe o texto de acordo com a legenda:
    - 🟥 Os trechos em que o narrador conta a história ou indica qual personagem falou ou vai falar.
    - 🟦 Os trechos em que o discurso direto apresenta fala de personagem.

4 As alternativas a seguir apresentam características dos contos populares. Assinale a única que **não** está presente no texto "A festa no céu".

a) Indicações vagas de tempo e espaço, ou seja, a ação não tem um contexto histórico e ocorre em lugares não específicos, como um lago, floresta, céu etc.

b) Referência a um passado datado, pois a história é criada com base em um fato real.

c) Personagens genéricos, que podem se transformar ou permanecer com os mesmos traços ao longo da narrativa.

d) Sequência de acontecimentos simples e linear, com início, meio e fim.

5 É comum as narrativas populares transmitirem uma moral, isto é, um ensinamento ao final. A esse respeito, assinale a alternativa correta.

a) A moral das histórias é um exemplo do comportamento e dos valores morais importantes para um povo.

b) Por conter uma lição sobre moral, a narrativa é indicada como conto popular.

c) Para que a moral faça sentido, é preciso que o protagonista, com seus atributos positivos, triunfe sobre o vilão, que tem atributos negativos, contrários aos do herói.

d) O uso de fábulas e contos para transmitir ensinamentos mostra que os povos mais primitivos tendem a desvalorizar a educação.

6 Para saber um pouco mais sobre a presença dos sapos nas manifestações de cultura popular – não só no Brasil, mas em todo o mundo –, leia o trecho de reportagem reproduzido na próxima página.

Pulando

Caindo do céu ou virando príncipe, os sapos aparecem em muitas tramas pelo mundo afora

Gabriela Romeu (Colaboração para a Folha)

Já não é fácil encontrar sapos pulando pelos brejos das cidades congestionadas, mas eles estão sempre saltando de história em história. Esses animaizinhos verdes, viscosos e pegajosos ora têm papel de destaque, ora são coadjuvantes nos livros.

Qual é a história em que o sapo fez mais sucesso? Toda criança sabe: "É aquela em que a princesa beija a boca do sapo para ele virar príncipe de novo. Ele tinha sido amaldiçoado por uma bruxa bem feia", responde prontamente Caio César, 7. "A princesa foi corajosa em beijar o sapo; eu nunca beijaria uma sapa!"

É o conto do "Príncipe Sapo", recolhido das histórias do povo alemão pelos irmãos Grimm no século 19. A partir daí, os sapos já viraram príncipe ou princesa – e vice-versa – tantas vezes mundo afora que já nem dá para contar quantas. E os contos vão se modificando um pouquinho conforme são contados aqui e acolá.

Por exemplo, há várias versões para o fim do encantamento do anfíbio: em uma delas, a princesa atira o animal contra a parede violentamente, o que acaba de vez com o feitiço. Na versão escocesa de "O Príncipe Sapo", a princesa chega a degolar o bichinho, coitado. Em outra variante da Polônia, o sapo é substituído por uma cobra (urgh!).

No Brasil, é conhecida uma história em que o caçula de três irmãos se casa com uma sapa, que é, para alívio do rapaz, uma princesinha encantada. Esse conto é parecido com uma outra história dos irmãos Grimm: "As Três Penas".

[...]

Gabriela Romeu. Pulando. *Folhinha*, 26 nov. 2005. Disponível em: https://www1.folha.uol.com.br/folhinha/dicas/di26110505.htm. Acesso em: 10 mar. 2020.

a) Considerando as informações apresentadas no texto anterior, explique: por que a história escrita por Christiane Angelotti é semelhante a outras da cultura popular?

_____

_____

_____

_____

atividade oral b) Faça uma pesquisa de outras histórias que têm o sapo como protagonista. Escolha uma delas e conte-a resumidamente. No dia marcado pelo professor, compartilhe sua história com os colegas.

A maravilhosa história do sapo Tarô-Bequê

Quadro Primeiro

Primeiros raios de sol na madrugada. Cainhamé ainda está dormindo.

TARÔ-BEQUÊ — (Entrando em cena chorando convulsivamente) Ai, ai, ai, paizinho. Ai, ai, ai, que já não aguento. Acorda, paizinho, meu Pai do Mato. Olha para este pobre sapo.

CAINHAMÉ — (Despertando, irritado) Que diabo já é isso? A esta hora da manhã!

TARÔ-BEQUÊ — Ai, ai, ai, meu paizinho. Agora não posso mais parar. Tenho pensado todos esses dias. Tenho olhado para a minha pele. Não posso mais ver esta minha pele cheia de rugas que se confunde na lama. Ai, ai, ai...

CAINHAMÉ — Mas o que está acontecendo? Esta é a pior época do ano. O rio sobe, tenho de passar o dia cuidando de alagados, de pássaros desabrigados. O trabalho é duro para um velho de minha idade.

TARÔ-BEQUÊ — (Soluçando) Me desculpa, paizinho do mato. Mas a minha tristeza é muito grande, pensei muito. Tenho pensado muito no assunto.

CAINHAMÉ — Mas o que foi, o que aconteceu? Estás sentindo falta de alguma coisa? O **charco** em que vives, secou? Faltam **carapanãs**? Por que este choro tão sentido?

TARÔ-BEQUÊ — Não me falta nada, meu paizinho, mas me falta tudo.

CAINHAMÉ — Olha, sapinho chorão, eu estou querendo ficar calmo e não quero me aborrecer. Bem sabes que quando me aborreço! Mas que diabo de problema é este, se tens tudo e te falta tudo?

TARÔ-BEQUÊ — É que eu sou o que não quero ser.

CAINHAMÉ — Esta não, o que está acontecendo com estes bichos? Outro dia me apareceu uma garça chorando. Queria virar tartaruga. Aquelas penas tão lindas, tão brancas, tão alvas, não lhe davam segurança. Tinha medo de virar penacho de índio.

TARÔ-BEQUÊ — Ora, virar tartaruga, que garça boba.

CAINHAMÉ — Para você ver: uma bobagem. Mas precisava ver o escândalo, **esgoelando** toda pelo meu terreiro. Parecia até que eu tinha feito alguma coisa ruim para ela. Atendi ao pedido.

Antes de ler ▪▪▪

Observe a forma de apresentação do texto que você vai ler e responda às questões oralmente.

1 Como são denominados textos como este?

2 Observe a fonte do texto. Qual é a origem da história e quem a escreveu?

Glossário

carapanã: mosquito sugador de sangue, muriçoca, pernilongo.
charco: brejo, pântano.
esgoelar: gritar muito.

Vicente Mendonça

Vicente Mendonça

TARÔ-BEQUÊ — Ela virou mesmo tartaruga?

CAINHAMÉ — Tartaruga não, que é coisa fina. Virou **matá-matá**.

TARÔ-BEQUÊ — O senhor enganou ela, não foi?

CAINHAMÉ — Não, ela é que quis ser matá-matá. Tinha também medo de, como tartaruga, virar sarapatel de índio.

TARÔ-BEQUÊ — Que garça mais chata.

CAINHAMÉ — Para você ver como é preciso ter paciência para ser o Pai do Mato. Me aparece cada cara chato, cada uma: "Paizinho do mato, eu não quero mais ser anta, quero ser **guariba**". "Buá, paizinho do mato, eu não quero ser tajá, quero ser **jacaretinga**".

TARÔ-BEQUÊ — Mas o meu desejo é diferente.

CAINHAMÉ — É o que todos dizem.

TARÔ-BEQUÊ — Eu quero ser gente.

CAINHAMÉ — (Tomado de grande surpresa) O quê?

TARÔ-BEQUÊ — Gente, ora. Eu não lhe disse que era diferente?

CAINHAMÉ — (Furioso) Ponha-se já daqui. Onde já se viu tamanha bobagem. Um sapinho tão bonito, tão gordinho, tão bem de vida, me aparecer aqui com essa ideia. Saia já da minha frente.

TARÔ-BEQUÊ — (Voltando a chorar forte) Ai, ai, ai. Não quero voltar para a minha casa assim. Eu quero ser gente. Eu quero ser gente.

CAINHAMÉ — (Falando rispidamente) E para de gritar no meu ouvido que eu não sou surdo.

TARÔ-BEQUÊ — (Afastando-se em prantos) Será que ninguém me entende? Será que vou continuar sapo o resto da vida? Não quero não, prefiro morrer. Vou procurar a dona **Sucuriju** e pedir para ela me engolir. Não quero mais viver.

CAINHAMÉ — Vai, vai procurar a dona Sucuriju. Ela te dá um jeito, te transforma noutra coisa. Digo até onde ela está. Ela tá dormindo no **buritizeiro** grande, e com fome.

TARÔ-BEQUÊ — Eu vou mesmo, prefiro virar jantar de Sucuriju do que continuar assim.

CAINHAMÉ — (Resmungando e voltando a se deitar) Essa não, me aparece cada uma! Um sapo querendo ser gente. Essa é mesmo boa!

TARÔ-BEQUÊ — Olha, eu já estou indo.

CAINHAMÉ — Ainda está aí? Vou já te virar em lesma.

TARÔ-BEQUÊ — Olha, eu estava ontem pensando em ser gente. Seria tão bom. Aquela cabeleira grande, a pele limpa, sem pelos, sem essas rugas tão feias. (Chora novamente) Aí eu vi uns vaga-lumes, resolvi comê-los. Quando lancei minha língua, acabei errando. Não peguei nenhum pra remédio. Eu ficava era observando aquela língua tão feia, tão fina que parecia um cipó. Deu até trabalho enrolar ela de novo. Não aguento mais ser sapo.

CAINHAMÉ — Olha aqui, sapinho. Não está vendo que virar gente não é fácil? Se fosse algum outro bicho.

TARÔ-BEQUÊ — É que virar outro bicho não faz diferença.

CAINHAMÉ — É isso o que tens de entender. Ser gente não é fácil. As pessoas são complicadíssimas, inconstantes. Elas têm de aprender tudo de novo.

TARÔ-BEQUÊ — Mas é isso que é bacana.

CAINHAMÉ — Bacana que nada! É muito trabalhoso, e além do mais é cada um por si. Tá pensando que é fácil ser gente?

TARÔ-BEQUÊ — (Chorando) Eu quero ser gente. [...]

CAINHAMÉ — Que tal vitória-régia?

TARÔ-BEQUÊ — Vitória-régia? Não senhor, para virar cartão-postal?

CAINHAMÉ — Mas que sapo mais teimoso. Está bem, já que é isso que você quer, vamos lá. Nunca virei bicho em gente, assim de vontade própria. Tu não tá querendo roubar nenhuma cunhantã por aí, não?

TARÔ-BEQUÊ — Juro que não. Mas o senhor não está pensando me mandar esperar por alguma cunhantã me beijar! Isso é lenda de branco, não dá certo. As mulheres morrem de medo de sapo. Quando elas me enxergam, é aquela correria, gritos. Parece que viram até **Jurupari** na terra!

CAINHAMÉ — Não se preocupe. Mulher nenhuma vai beijar boca de sapo chorão.

TARÔ-BEQUÊ — Vai ser muito bom ser gente. Não vejo a hora de sair pelo mato, caminhando em minhas pernas de gente. Respirando pelo nariz de gente. Os homens são incríveis, inteligentes, espertos. Eles vivem livres, usam objetos e comidas feitos por eles mesmos. Podem amar em todas as estações. Não há nada melhor do que ser homem.

Ouvem-se ruídos como o de uma tempestade que se aproxima. Cainhamé levanta-se e aproxima-se de Tarô-Bequê. Aponta o seu cajado em direção ao sapinho.

CAINHAMÉ — (Voz grave) Muito bem, pois então vais virar um homem e tentar viver entre os homens.

Relâmpagos iluminam a cena, trovões violentos e ruidosos enchem o ar. O Pai do Mato transfere ao sapo uma poderosa força de transformação. Tarô-Bequê se contorce e vai livrando-se de seus gestos de batráquio. Finalmente a transformação se processa quando Cainhamé toca a ponta de seu dedo indicador na ponta do dedo indicador de Tarô-Bequê. A tempestade desaparece como apareceu e há o silêncio. Tarô-Bequê, já uma criatura humana, ainda não se levantou do chão porque não consegue controlar os músculos.

Vicente Mendonça

TARÔ-BEQUÊ — (Grato, observando seu novo corpo) Puxa, paizinho do mato, o senhor é muito bom.

CAINHAMÉ — (Disfarçando o seu orgulho) Eu estou aqui para isso, para atender chatice de bicho, fricote de sapo.

TARÔ-BEQUÊ — (Tentando levantar-se e caindo) Vou sair pelo mundo...

CAINHAMÉ — (Amparando Tarô-Bequê) Pera aí, não é assim não. Ser homem parece fácil. Basta ter duas pernas, dois braços, andar assim com o peito para frente. Mas ser homem é apenas isto?

TARÔ-BEQUÊ — (Começando a dominar o novo corpo) O que há de mistério em ser homem? Veja, meus músculos reagem, estou inteiro, posso retesar um arco, lançar uma flecha. Não será isto o suficiente?

CAINHAMÉ — Claro que não, sapo estúpido. (Larga Tarô-Bequê, que mal consegue se manter de pé, agindo de maneira cômica). Os homens são mais complexos. Não basta moldar um feixe de nervos feito gente para isto ser gente. Olha para ti, já és uma prova. Cara de gente, corpo de gente e ideia de sapo. [...]

TARÔ-BEQUÊ — Não há aquele tédio na vida do homem. Não há aquele isolamento da velha lama onde eu vivia antes. No meu charco, eu coaxava e pedia ar fresco. Pedia aventura.

CAINHAMÉ — Vais te tornar um homem aos poucos, e não deves esquecer que tua situação é precária. Quando não puderes dizer tanto melhor, diz não faz mal.

Vicente Mendonça

TARÔ-BEQUÊ — Puxa, vejo muita promessa de felicidade, Cainhamé... Cainhamé... ouves, estou te chamando de Cainhamé... Cainhamé, o Pai do Mato.

CAINHAMÉ — Não começa a enfeitar as coisas. E podes me chamar de Cainhamé, não me importo. Serei a tua família.

TARÔ-BEQUÊ — Obrigado, Cainhamé. (Celebrando com todos os seus sentidos humanos as novas sensações). Natureza! Natureza! Eu estou com o meu corpo transformado. Minha fome agora é outra, e desde esse momento, minha vida adquiriu outro sabor. Sabe, Cainhamé, estou vivendo uma espécie de delírio.

CAINHAMÉ — (Riscando o espaço com o seu cajado).

Nada de pressa, meu amigo.

Onde caminhares, haverá um caminho.

Onde repousares, haverá uma sombra.

Onde beberes, haverá uma fonte.

E no amor ou no sono

Terás o direito de lutar.

Lutar para te manteres homem.

TARÔ-BEQUÊ — Onde botar a minha mão, terei a posse de meus desejos.

CAINHAMÉ — E por isto terás de lutar. É o matiz de toda a ventura, de toda fruta que morderes a polpa.

TARÔ-BEQUÊ — Não basta dizer que a areia da praia está quente, agora vou queimar a sola de meus pés. É inútil conhecer sem sentir.

CAINHAMÉ — Vai, então, até o mato e corta um cipó forte e novo que tenha o tamanho entre o teu queixo até teus pés. Não é justo que vivas sozinho, não é justo para os outros homens.

TARÔ-BEQUÊ — Vou trazer um cipó, o mais forte que encontrar.

CAINHAMÉ — Tu não serás aceito por nenhuma comunidade de homens por não ter nascido de mulher. Não tens família e assim não terás uma maloca. Por isso, fica aqui na minha casa e faz a tua própria família. Cuida de minhas coisas, da minha roça de maniva e **ipadu**, dos meus **xerimbabos**. Deste cipó surgirá uma cunhantã. [...] Ela será tua namorada e vocês poderão viver aqui, fundar uma família e um povo.

TARÔ-BEQUÊ — Eu caçarei antas, e minha namorada preparará para nós. Colherei pimenta e ela fará **quinhapira**.

CAINHAMÉ — Eu terei com quem conversar. Vai, arma a tua maquira ali naquele pau, acende a fogueira, procura dormir... Amanhã terás muitas surpresas.

Black-out.

Márcio Souza. *Teatro indígena do Amazonas*. Rio de Janeiro: Codecri, 1979. p. 60-65.

Glossário

ipadu: arbusto cujas folhas têm propriedades analgésicas.

quinhapira: prato típico da região do Rio Negro, feito com peixe e pimentas verdes.

xerimbabo: animal de estimação.

Quem é o autor?

Márcio Souza nasceu em Manaus, Amazonas. Aos 14 anos, começou a escrever críticas de cinema para um jornal local e, em 1965, deixou deixou a cidade natal para estudar Ciências Sociais em São Paulo. Seu primeiro livro, *Galvez imperador do Acre*, teve grande sucesso. Além de romances, como *Mad Maria*, escreveu ensaios e textos teatrais, como *Dessana, Dessana* e *As folias do látex*. É também roteirista de cinema, dramaturgo e diretor de teatro e ópera.

Arquivo do autor

O teatro ao longo da história

Embora em outras culturas — como a indiana, a chinesa e a japonesa — a arte da encenação já existisse há milhares de anos, o teatro como conhecemos hoje em dia começou na Grécia Antiga, com as festividades dedicadas ao deus Dioniso, aproximadamente no século VI a.C.

Dioniso era a divindade do vinho e da fertilidade. Durante as cerimônias em homenagem a ele, os gregos faziam grandes celebrações: os sacerdotes e os devotos personificavam criaturas mitológicas, cantavam hinos sagrados e encenavam as narrativas sobre os deuses.

Esses rituais coletivos foram se transformando para enfatizar a narração das histórias míticas. As máscaras que ajudavam a representar os estados de espírito dos personagens completaram a invenção da figura do ator.

O teatro grego se dividia em dois gêneros: a comédia, que satirizava figuras conhecidas pelo público, e a tragédia, que encenava a vida dos heróis e dos deuses, como forma de popularizar reflexões morais.

Naquele período, as tragédias escritas por Ésquilo e Sófocles foram algumas das mais valorizadas e lembradas. Mas foi somente com as peças de Eurípides que o teatro começou a representar o ser humano de forma realista.

Em vez de mostrar o caráter determinado e decidido dos heróis da mitologia, Eurípides criava personagens afetados por suas emoções, em situações de incertezas e conflitos psicológicos. O ser humano podia então reconhecer a si mesmo — com suas dúvidas e fraquezas, escolhas e sentimentos — nas encenações teatrais.

Ao longo dos séculos, muitas inovações foram introduzidas para ampliar as possibilidades do teatro. Mas sua essência continua a mesma: uma encenação em que atores e atrizes representam, diante de um público, situações e dramas inventados, inspirados ou não em fatos reais.

Entre os principais dramaturgos da história do teatro brasileiro, podemos citar José de Alencar (1829-1877), Machado de Assis (1839-1908), Oswald de Andrade (1890-1954), Nelson Rodrigues (1912-1980), Maria Clara Machado (1921-2001), Ariano Suassuna (1927-2014), Augusto Boal (1931-2009), Plínio Marcos (1935-1999) e José Celso Martinez Corrêa (1937-).

Ruínas de um teatro na antiga cidade de Hierápolis, hoje Pamukkale, na Turquia.

1 Leia as definições de tipos de personagem. Escreva na última coluna o nome do personagem da peça "A maravilhosa história do sapo Tarô--Bequê" que corresponde a cada tipo descrito.

Protagonista	É o personagem principal, o mais importante, que precisa enfrentar determinada situação.	
Antagonista	Reage ao que o protagonista faz, cria dificuldades ou tem uma personalidade oposta à dele.	

2 A história é iniciada com a seguinte fala:

> TARÔ-BEQUÊ — (Entrando em cena chorando convulsivamente) Ai, ai, ai, paizinho. Ai, ai, ai, que já não aguento. Acorda, paizinho, meu Pai do Mato. Olha para este pobre sapo.

- Segundo o texto, de que outra forma o Pai do Mato é conhecido?

_____

_____

3 Ao ser interrogado por Cainhamé sobre o choro, Tarô-Bequê responde:

> Não me falta nada, meu paizinho, mas me falta tudo.

a) O que significa essa declaração no contexto?

_____

_____

_____

b) Que fala do personagem explica a declaração? Transcreva-a.

_____

_____

c) Segundo Cainhamé, o drama vivido pelo sapo era comum ou raro na floresta?

_____

_____

Vicente Mendonça

4 Releia o trecho a seguir e depois faça o que se pede.

> TARÔ-BEQUÊ — Vai ser muito bom ser gente. Não vejo a hora de sair pelo mato, caminhando em minhas pernas de gente. Respirando pelo nariz de gente. Os homens são incríveis, inteligentes, espertos. Eles vivem livres, usam objetos e comidas feitos por eles mesmos. Podem amar em todas as estações. Não há nada melhor do que ser homem.

- Marque a afirmação que melhor interpreta o pedido de Tarô-Bequê.

  ☐ A fala do sapo Tarô-Bequê dá um aspecto cômico à narrativa, pois revela que o animal desconhece totalmente o que é ser um humano e se baseia em analogias entre sua condição de sapo e o que ele imagina serem características humanas.

  ☐ Ao se imaginar como homem, o sapo usa como referência o tipo humano que conhece em sua experiência na floresta, isto é, o indígena: inteligente, capaz de criar objetos e de cozinhar.

5 Para que a história se desenvolva, deve haver um **conflito**, ou seja, um problema que leva os personagens a agirem, saindo de uma situação normal. Esse conflito resume o que acontece com o **protagonista**, o personagem principal. Assinale a afirmativa que explica o conflito do texto "A maravilhosa história do sapo Tarô-Bequê".

a) O sapo Tarô-Bequê precisa enfrentar o personagem antagonista, aquele que tem características contrárias às do protagonista.

b) Um problema que envolve todos começa a interferir na vida do protagonista, o sapo Tarô-Bequê.

c) O conflito acontece quando uma tragédia inesperada envolve o sapo Tarô-Bequê, mudando o rumo de sua vida.

d) O sapo Tarô-Bequê está em conflito, pois deseja algo que vai contra sua natureza e seu destino.

6 A peça teatral "A maravilhosa história do sapo Tarô-Bequê" tem diversas características que a aproximam de uma **fábula**.

- Assinale nas alternativas a seguir a característica de fábula que **não** se aplica à história de Tarô-Bequê.

  a) Muitos personagens são animais antropomórficos, isto é, que falam e se comportam como se fossem seres humanos.

  b) No final do texto, há um resumo do ensinamento transmitido, que explicita a reflexão que o leitor deve fazer após a leitura, isto é, a moral da história.

  c) Apesar de ter como personagens criaturas fantásticas em situações imaginárias, é possível perceber que o texto aborda os valores humanos e discute a realidade do cotidiano.

  d) Mesmo que um autor tenha escrito o texto, a principal fonte dele são as histórias da tradição popular, transmitidas oralmente de geração em geração e características da cultura em que surgiram.

7 Márcio Souza, ao escrever a história do sapo Tarô-Bequê, buscou valorizar o folclore indígena da Amazônia. Para isso, utilizou muitas palavras de origem indígena no texto. A seguir, estão reunidas algumas frases com essas palavras, que aparecem destacadas. Faça uma pesquisa para saber o significado delas e depois escreva, para cada palavra, um sinônimo.

a)

> Tu não tá querendo roubar nenhuma **cunhantã** por aí, não?

_____

b)

> "Buá, paizinho do mato, eu não quero ser **tajá**, quero ser jacaretinga".

_____

c)

> Cuida de minhas coisas, da minha roça de **maniva** [...]

_____   _____

d)

> Vai, arma a tua **maquira** ali naquele pau, [...]

_____

8 Observe, no trecho, as frases escritas entre parênteses:

> TARÔ-BEQUÊ — Eu quero ser gente.
>
> CAINHAMÉ — **(Tomado de grande surpresa)** O quê?
>
> TARÔ-BEQUÊ — Gente, ora. Eu não lhe disse que era diferente?
>
> CAINHAMÉ — **(Furioso)** Ponha-se já daqui. Onde já se viu tamanha bobagem. Um sapinho tão bonito, tão gordinho, tão bem de vida, me aparecer aqui com essa ideia. Saia já da minha frente.
>
> TARÔ-BEQUÊ — **(Voltando a chorar forte)** Ai, ai, ai. Não quero voltar para a minha casa assim. Eu quero ser gente. Eu quero ser gente.
>
> CAINHAMÉ — **(Falando rispidamente)** E para de gritar no meu ouvido que eu não sou surdo.

- A respeito dessas frases, chamadas na linguagem teatral de **rubricas** ou **indicações de cena**, classifique cada afirmação a seguir como verdadeira (**V**) ou falsa (**F**).

☐ Descrevem o que acontece na cena, servem unicamente de orientação à equipe técnica que monta a peça no teatro, devendo ser ignoradas pelo leitor do texto, pois são desnecessárias na forma escrita.

☐ São acrescentadas ao diálogo escrito para indicar ações e estados emocionais não verbalizados, ou seja, não expressos pela fala dos personagens, e auxiliam os atores a interpretar a cena de acordo com o que o dramaturgo pensou.

☐ Como possibilitam uma visualização mais clara de como ocorre o diálogo, tais frases têm a mesma função desempenhada por outras indicações, como esta: "Ouvem-se ruídos como o de uma tempestade que se aproxima. Cainhamé levanta-se e aproxima-se de Tarô-Bequê. Aponta o seu cajado em direção ao sapinho.".

9 Compare a peça teatral com o conto popular. Assinale a alternativa correta.

a) Na peça teatral, o narrador deve descrever o cenário e a caracterização dos personagens, o que é necessário para que o espectador possa imaginar a cena completa.

b) No conto, como o objetivo é sua apresentação oral, as situações da história precisam estar acompanhadas de uma explicação clara das emoções dos personagens.

c) No conto, os marcadores de tempo, a caracterização dos personagens e os sentimentos que manifestam estão inseridos em um contexto, tanto por meio das falas quanto pela explicação do narrador, em vez de estarem isoladas no início do texto.

d) Tanto na peça teatral quanto no conto, os marcadores de tempo e de espaço tornam o texto descritivo e limitam a imaginação do leitor.

10 O discurso direto se caracteriza pela inserção da voz do personagem no texto. Isso geralmente é feito por meio de duas pontuações específicas: o travessão ou as aspas. Releia os dois trechos a seguir, retirados dos **textos 1** e **2**, respectivamente, para responder às questões.

> – Você vai mesmo, amigo sapo? – perguntou o urubu, meio desconfiado.
> – Claro, não perderia essa festa por nada – disse o sapo já em retirada. – Até amanhã!

> CAINHAMÉ — Olha aqui, sapinho. Não está vendo que virar gente não é fácil? Se fosse algum outro bicho.
> TARÔ-BEQUÊ — É que virar outro bicho não faz diferença.
> CAINHAMÉ — É isso o que tens de entender. Ser gente não é fácil. As pessoas são complicadíssimas, inconstantes. Elas têm de aprender tudo de novo.

Fabio Eugenio

a) Um dos textos é composto apenas de discurso direto, falas de personagens. Qual deles tem essa característica: o conto ou a peça teatral?

_____

_____

b) Como são indicados os responsáveis pelo discurso direto no conto (**texto 1**)? E na peça teatral (**texto 2**)?

_____

_____

_____

_____

11 Na peça teatral, há momentos em que é possível perceber intertextualidade com outros textos. Leia os exemplos a seguir.

Exemplo 1

Relâmpagos iluminam a cena, trovões violentos e ruidosos enchem o ar. O Pai do Mato transfere ao sapo uma poderosa força de transformação. Tarô-Bequê se contorce e vai livrando-se de seus gestos de batráquio. Finalmente a transformação se processa quando Cainhamé toca a ponta de seu dedo indicador na ponta do dedo indicador de Tarô-Bequê.

Exemplo 2

CAINHAMÉ — Mas que sapo mais teimoso. Está bem, já que é isso que você quer, vamos lá. Nunca virei bicho em gente, assim de vontade própria. Tu não tá querendo roubar nenhuma cunhantã por aí, não?

TARÔ-BEQUÊ — Juro que não. Mas o senhor não está pensando me mandar esperar por alguma cunhantã me beijar! Isso é lenda de branco, não dá certo. As mulheres morrem de medo de sapo. Quando elas me enxergam, é aquela correria, gritos. Parece que viram até Jurupari na terra!

- Agora, leia esta adaptação da história "O Príncipe Sapo", originalmente escrita pelos Irmãos Grimm.

O Príncipe Sapo

A princesa gostava de ir ao bosque com sua bola de ouro, seu brinquedo favorito. Mas, em uma das vezes em que ela jogou a bola pra cima, esta caiu no chão e foi rodando até cair no rio. A princesa começou a chorar, mas, de repente, ouviu alguém lhe dizendo:

— Por que está triste, princesa?

Ela olhou o lugar de onde vinha a voz e viu um sapo colocando sua enorme e feia cabeça fora da água. Enojada, respondeu:

— Ah, você é um sapo!

Mas completou...

— Estou chorando por minha bola de ouro que caiu na lagoa.

O sapo, então, disse que lhe devolveria a bola se ela o levasse com ele para o castelo. E foi o que ela fez.

Todos estranharam quando viram a princesa, meio assustada e carregando o sapo. Mas ela contou sobre como tinha recuperado a bola de ouro perdida e sobre o pedido do sapo, que agora estava sempre junto da princesa.

A vida no castelo seguia tranquila.

Um dia, o sapo contou à princesa sua verdadeira história: ele era um príncipe que tinha sido enfeitiçado. E o feitiço só seria quebrado se ele fosse amorosamente beijado por uma moça. A princesa o beijou e viu, com os próprios olhos, que ele tinha realmente se transformado em um lindo príncipe. E eles se apaixonaram, se casaram e viveram felizes para sempre.

(Fábula recontada pelos autores.)

Vicente Mendonça

a) Também nessa história o sapo é transformado em um ser humano. Porém, isso acontece de forma diferente, com um beijo da princesa. Por que isso não funcionaria na história do sapo Tarô-Bequê?

_____

_____

_____

b) O trecho "Finalmente a transformação se processa quando Cainhamé toca a ponta de seu dedo indicador na ponta do dedo indicador de Tarô-Bequê" estabelece uma relação de intertextualidade com um famoso quadro do pintor italiano Michelangelo. Pesquise qual é esse quadro e explique o motivo da intertextualidade.

_____

_____

_____

_____

_____

Efeitos da pontuação no texto

Nas peças teatrais, os personagens precisam mostrar seus sentimentos de maneira bastante expressiva. Por isso, a entonação da fala e as rubricas ou indicações de cena ajudam o leitor a compreender o estado de ânimo e as características dos personagens.

No texto escrito, a entonação da fala é mostrada por meio da pontuação. As reticências, as interrogações ou as exclamações são muito expressivas.

1 Observe a pontuação final das frases no trecho a seguir.

> CAINHAMÉ — É isso o que tens de entender. Ser gente não é fácil. As pessoas são complicadíssimas, inconstantes. Elas têm de aprender tudo de novo.
>
> TARÔ-BEQUÊ — Mas é isso que é bacana.
>
> CAINHAMÉ — Bacana que nada! É muito trabalhoso, e além do mais é cada um por si. Tá pensando que é fácil ser gente?
>
> TARÔ-BEQUÊ — (Chorando) Eu quero ser gente.
>
> [...]
>
> CAINHAMÉ — Que tal vitória-régia?
>
> TARÔ-BEQUÊ — Vitória-régia? Não senhor, para virar cartão-postal?
>
> CAINHAMÉ — Mas que sapo mais teimoso. Está bem, já que é isso que você quer, vamos lá. Nunca virei bicho em gente, assim de vontade própria. Tu não tá querendo roubar nenhuma cunhantã por aí, não?
>
> TARÔ-BEQUÊ — Juro que não. Mas o senhor não está pensando me mandar esperar por alguma cunhantã me beijar! Isso é lenda de branco, não dá certo. As mulheres morrem de medo de sapo. Quando elas me enxergam, é aquela correria, gritos. Parece que viram até Jurupari na terra!

a) O que acontece na cena?

_____

_____

b) Observe o contexto em que são usados os pontos de exclamação. Veja o exemplo abaixo:

> TARÔ-BEQUÊ — Mas é isso que é bacana.
>
> CAINHAMÉ — Bacana que nada! É muito trabalhoso, e além do mais é cada um por si. Tá pensando que é fácil ser gente?

- Que efeito esse uso provoca?

_____

_____

2 Observe agora o uso do ponto de interrogação no mesmo trecho destacado na atividade anterior.

a) Cite falas em que o ponto de interrogação indica que o personagem espera uma resposta para sua pergunta? Dê exemplos.

_____

_____

b) Em quais falas o ponto de interrogação indica apenas um questionamento, uma dúvida do personagem?

_____

_____

3 Observe, nas falas a seguir, o uso das reticências.

> TARÔ-BEQUÊ — Ai, ai, ai, meu paizinho. Agora não posso mais parar. Tenho pensado todos esses dias. Tenho olhado para a minha pele. Não posso mais ver esta minha pele cheia de rugas que se confunde na lama. Ai, ai, ai...

> CAINHAMÉ — Eu terei com quem conversar. Vai, arma a tua maquira ali naquele pau, acende a fogueira, procura dormir... Amanhã terás muitas surpresas.

a) Na fala de qual personagem as reticências indicam:

- interrupção de um pensamento para que haja uma continuação depois?

_____

- prolongamento da fala, que será continuada depois?

_____

b) Leia em voz alta outras frases que têm reticências observando a entonação que você dá a elas. Em seguida, leia novamente as frases, mas como se elas terminassem com ponto de exclamação. Que diferença você observou em sua maneira de ler?

_____

_____

Contextos de produção e circulação textual

Como vimos ao longo das unidades, todo texto pertence a um gênero discursivo, de acordo com seu formato, conteúdo e objetivo comunicativo. Isso faz com que ele integre um campo de atuação.

Os textos que você estudou nesta unidade, o conto popular e o texto teatral, pertencem ao **campo artístico-literário**, o qual tem a ver com a experiência estética e de prazer com a leitura e a produção de textos relacionados à literatura e às artes. Outros gêneros do campo artístico-literário são as fábulas, os poemas, os cordéis, as tirinhas, entre outros.

Conto popular e texto teatral

1 O discurso direto se caracteriza pela inserção da voz do personagem diretamente no texto. Isso pode ser feito por meio de duas pontuações específicas: o travessão e as aspas. Releia o texto 1 e o texto 2 para responder às questões a seguir.

a) Um dos textos é composto apenas de discurso direto, ou seja, falas de personagens. Qual deles tem essa característica?

_____

b) Como são indicados aqueles responsáveis pelo discurso direto no conto (**texto 1**)? E na peça teatral (**texto 2**)?

_____

_____

_____

_____

2 Depois de estudar os gêneros **conto popular** e **texto teatral** e conhecer suas principais características, que tal um mapa mental para resumir semelhanças e diferenças? Você pode consultá-lo sempre que quiser se lembrar dos elementos principais desses gêneros.

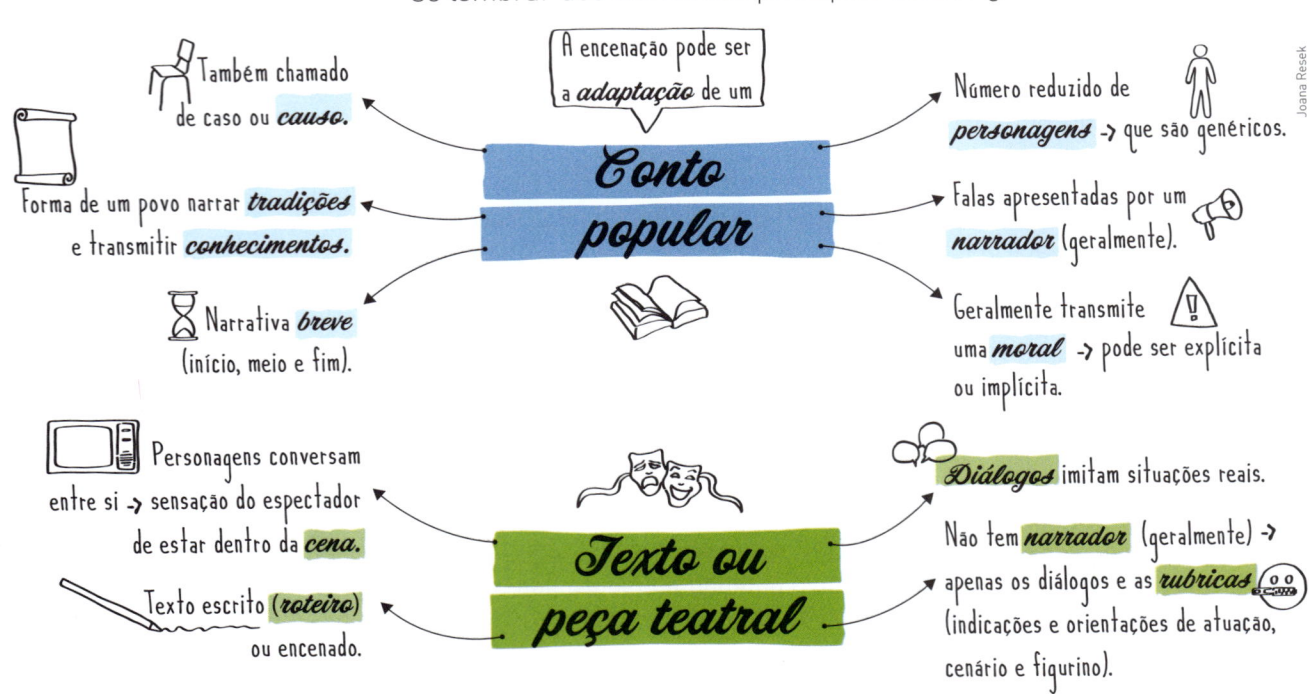

Também chamado de caso ou *causo*.

Forma de um povo narrar *tradições* e transmitir *conhecimentos*.

Narrativa *breve* (início, meio e fim).

A encenação pode ser a *adaptação* de um

Conto popular

Número reduzido de *personagens* -> que são genéricos.

Falas apresentadas por um *narrador* (geralmente).

Geralmente transmite uma *moral* -> pode ser explícita ou implícita.

Personagens conversam entre si -> sensação do espectador de estar dentro da *cena*.

Texto escrito (*roteiro*) ou encenado.

Texto ou peça teatral

Diálogos imitam situações reais.

Não tem *narrador* (geralmente) -> apenas os diálogos e as *rubricas* (indicações e orientações de atuação, cenário e figurino).

Joana Resek

3 Para retomar a relação entre os gêneros estudados nesta unidade, bem como a tipologia e o campo de atuação a que pertencem, complete o quadro da página ao lado.

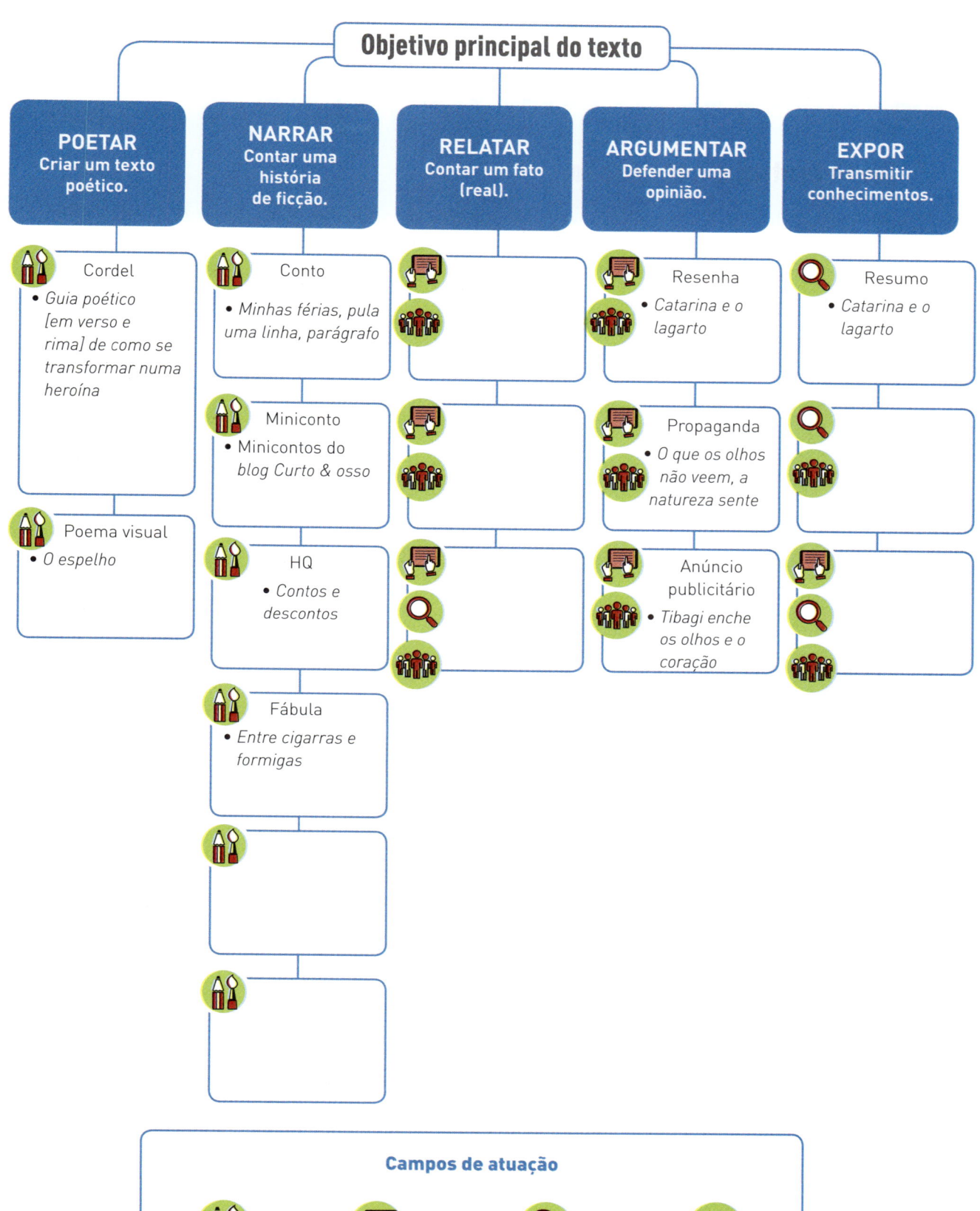

Objetivo principal do texto

POETAR — Criar um texto poético.

NARRAR — Contar uma história de ficção.

RELATAR — Contar um fato (real).

ARGUMENTAR — Defender uma opinião.

EXPOR — Transmitir conhecimentos.

POETAR

Cordel
- *Guia poético [em verso e rima] de como se transformar numa heroína*

Poema visual
- *O espelho*

NARRAR

Conto
- *Minhas férias, pula uma linha, parágrafo*

Miniconto
- Minicontos do *blog Curto & osso*

HQ
- *Contos e descontos*

Fábula
- *Entre cigarras e formigas*

RELATAR

ARGUMENTAR

Resenha
- *Catarina e o lagarto*

Propaganda
- *O que os olhos não veem, a natureza sente*

Anúncio publicitário
- *Tibagi enche os olhos e o coração*

EXPOR

Resumo
- *Catarina e o lagarto*

Campos de atuação

Campo artístico-literário

Campo jornalístico-midiático

Campo das práticas de estudo e pesquisa

Campo de atuação na vida pública

Oficina de produção escrita e oral

Texto teatral e encenação

Você se lembra da cena final entre Cainhamé e Tarô-Bequê? Cainhamé diz que, no dia seguinte, Tarô-Bequê teria muitas surpresas. Quais surpresas serão essas?

Forme um grupo com três ou quatro colegas para planejar a continuação da peça e criar um desfecho para o texto.

RECORDAR

1. Vamos recordar elementos importantes do texto teatral lido nesta unidade: "*A maravilhosa história do sapo Tarô-Bequê*". Responda oralmente às questões a seguir voltando ao texto sempre que necessário.

   a) Quem são os personagens que atuam na cena lida?

   b) Em textos como esse, como o leitor sabe quem é o personagem que está falando?

   c) Qual é o objetivo principal do texto?

   d) Para que servem as frases escritas entre parênteses?

PLANEJAR

2. Juntos, elaborem um rascunho do texto. Para isso, sigam as recomendações abaixo:

   - Definam se personagens novos aparecerão no texto de vocês.
   - Façam um rascunho dos eventos que se seguiram ao diálogo acontecido entre Tarô-Bequê e Cainhamé. Lembrem-se de que a peça teatral é organizada pelas falas de personagens, ou seja, pelo discurso direto.
   - Insiram, entre parênteses, as rubricas do texto.
   - Prestem atenção na pontuação das falas: elas ajudam a exprimir o sentido do texto.

REVISAR

3. Ao terminar de escrever, releiam o texto e corrijam o que for necessário. Verifiquem se:
   - a continuação/finalização da história está compreensível ou se há algum elemento dificultando a leitura;
   - as características específicas do gênero, como indicações de quem fala, marcadores de cena e indicações para os atores, estão presentes.

4. Passem o texto a limpo e entreguem-no ao professor. Fiquem atentos às sugestões que ele fará.

COMPARTILHAR

5. Agora, vocês representarão a cena que criaram. A encenação é uma manifestação oral própria de gêneros como o teatro. Por isso, os aspectos não linguísticos próprios da fala precisam ser considerados antes da encenação e avaliados depois dela. Para tanto, considerem as seguintes dicas:

   a) **Ensaio**: as falas precisam ser decoradas e repassadas em ensaios. O diretor pode ser um dos participantes do grupo ou um amigo de outra turma, que ficará atento e auxiliará nessas marcações cênicas. Ensaiar também confere mais segurança a quem estiver em cena.

b) Em cena: o posicionamento cênico é muito importante em uma peça teatral. Lembrem-se de não ficar de costas para o público e, caso seja necessário se voltar para outro ator em cena, um truque é ficar de lado, com a atenção dirigida ao colega, mas de frente para a plateia.

c) Voz: o ensaio contribui para o exercício da entonação e projeção vocal. Falem alto e com clareza, articulando bem as palavras, de modo que o texto seja compreendido pelos espectadores.

d) Expressividade: o teatro é uma imitação, no palco, de ações humanas reais. Logo, é preciso ser verdadeiro, representar o personagem, sem, contudo, exagerar no drama. Mas ao mesmo tempo não se deve pronunciar as palavras sem ênfase alguma.

6. Vocês também podem incrementar a encenação, utilizando figurinos e cenários. Dividam as tarefas, assim o trabalho será mais fácil e o resultado mais interessante.

- Usem figurinos, ou seja, escolham roupas, máscaras ou adereços para cada personagem.
- Criem efeitos sonoros para a apresentação, de acordo com a cena.
- Componham um cenário para servir de palco aos atores.

7. Se houver oportunidade, fotografem ou filmem a apresentação.

AVALIAR

8. Após a encenação, considere as seguintes perguntas:
- O texto escrito foi encenado conforme as instruções do roteiro?
- Os atores disseram corretamente as suas falas, foram compreendidos pela plateia?
- Foi necessário improvisar?
- A encenação conseguiu captar e manter a atenção da plateia?

9. Considerando esses aspectos, comentem os ajustes necessários, que contribuirão para futuras montagens teatrais. Além disso, o exercício do teatro promove maior consciência corporal, desenvolvimento da expressividade oral e segurança em outros tipos de apresentação e até mesmo nas interações com outras pessoas.

 Conheça

Livros
- *Cores da Amazônia*: frutas e bichos da floresta, de César Obeid. São Paulo: Editora do Brasil, 2015.
- *Os princípios da improvisação*: 40 jogos para aprender a improvisar, de Claudio Amado. São Paulo: edição do autor, 2016.

Filmes
- *Amazônia, o despertar da florestania*. Direção de Christiane Torloni e Miguel Przewodowski. Brasil, 2019, 46 min.
- *Pequenas histórias*. Direção de Helvécio Ratton. Brasil, 2007, 80 min.

CD
- *Contando e cantando histórias*, do grupo Pererê. Gravação independente, 2009.

Editora do Brasil

Globo Filmes

Fato aqui, fato acolá

Torcida no estádio do Palmeiras. São Paulo (SP), 2010.

Você já refletiu sobre quanta coisa acontece num momento como esse mostrado na foto?

Seja perto, seja longe, os fatos estão por todo canto. E, para registrá-los, muitas pessoas se mobilizam. Uma das formas de fazer isso é por meio das notícias, cujo objetivo é informar sobre um acontecimento. Na origem, a palavra **notícia** tinha relação com aquilo que ganhava fama ou notoriedade.

Você já percebeu que muitas vezes duas pessoas relatam de maneiras diferentes um mesmo acontecimento? Isso também ocorre com as notícias. É possível existirem versões diversas sobre determinado fato. É sobre isso que vamos refletir nesta unidade.

Sobre a fotografia, responda:

- Essa foto, assim como uma notícia, informa sobre um fato. Que fato é esse?
- O que está acontecendo na cena?
- Você já assistiu a um jogo de futebol ou fez parte da torcida em um evento esportivo?

O que você vai estudar?

Gênero textual
- Notícia

Língua e linguagem
- Coesão textual, sinonímia e perífrase

O que você vai produzir?

Oficina de produção
- Notícia (escrita)
- *Podcast* (oral)

Antes de ler ▪▫▫

1 Você torce para algum time de futebol? Se sim, qual é ele?

2 Você costuma acompanhar jogos de futebol? Se sim, como: no estádio, pela TV, pela internet, pelo rádio?

3 Considerando a fotografia que compõe o texto a seguir, qual ideia você tem sobre o conteúdo textual?

---

https://www.flamengo.com.br/noticias/futebol/flamengo-supera-gremio-no-maracana

Flamengo supera o Grêmio no Maracanã

No Maracanã, Rubro-Negro vence por 3 a 1 e diminui diferença para o líder Santos no Brasileiro

Por Comunicação - Flamengo - em 11/08/2019 às 21:10

Bruna Prado/Getty Images

Em partida válida pela 14ª rodada do Campeonato Brasileiro, o Flamengo venceu o Grêmio, por 3 a 1, na noite deste sábado (10), no Maracanã. Os gols de Willian Arão, Arrascaeta e Everton Ribeiro ajudaram o Rubro-Negro a diminuir para cinco pontos a diferença para o Santos, líder da competição.

O jogo

Chegando com mais frequência ao gol do adversário na primeira etapa, o Flamengo abriu o placar aos 28 minutos. Arrascaeta recebeu livre na intermediária e encontrou o volante em boa posição dentro da área. Com calma e estilo, o camisa 5 chutou com categoria para abrir o placar: 1 a 0. No fim do primeiro tempo, o árbitro viu pênalti de Pablo Marí em David Braz. Na penalidade, Rafael Galhardo bateu no canto direito e deixou tudo igual no marcador.

Na etapa final, o Rubro-Negro continuou melhor e criando as oportunidades. O segundo gol não demorou a acontecer. Bruno Henrique fez linda jogada individual pela esquerda, chutou na trave e, no rebote, o uruguaio teve oportunismo e chutou para o gol: 2 a 1. O terceiro gol quase saiu dos pés de Gerson aos 12 minutos. O meia foi levando a bola pela direita de ataque e chutou de longe, mas a bola bateu no travessão.

Everton Ribeiro selou a vitória do Mais Querido aos 46 minutos. O camisa 7 recebeu pela direita, carregou e chutou no canto direito de Júlio César: 3 a 1.

E agora?

O Flamengo volta a campo no próximo sábado (17), às 19h, contra o Vasco, no Mané Garrincha, em Brasília. No dia 21, o Mais Querido tem pela frente o primeiro jogo das quartas de final da Libertadores diante do Internacional, às 21h30, no Maracanã.

Flamengo supera o Grêmio no Maracanã. *Comunicação – Flamengo*. Disponível em: https://www.flamengo.com.br/noticias/futebol/flamengo-supera-gremio-no-maracana. Acesso em: 14 ago. 2019.

Interagindo com a notícia

1 De qual assunto a notícia trata?

_____

_____

_____

2 Qual palavra do título permite compreender o que aconteceu?

_____

_____

_____

3 Releia a linha fina. Qual é a função dela no texto?

_____

_____

_____

4 No texto, o primeiro parágrafo, chamado de **lide** ou _lead_, revela detalhes que contribuem para a compreensão do fato ocorrido. Preencha o quadro a seguir com base nessas informações.

Quem?	
O quê?	
Quando?	
Onde?	
Por quê?	
Como?	

5 Ao longo da notícia, percebe-se o emprego de intertítulos.

a) Qual é a finalidade do intertítulo "O jogo"?

_____

_____

_____

_____

_____

_____

_____

_____

b) E a do intertítulo "E agora?"?

_____

_____

_____

_____

_____

_____

6 A notícia é um gênero textual relacionado ao campo jornalístico e que circula de formas variadas. A principal finalidade comunicativa da notícia é:

a) avaliar um acontecimento para o leitor.

b) descrever um acontecimento para o leitor.

c) informar o leitor sobre um acontecimento.

d) instruir o leitor sobre um acontecimento.

7 Releia os trechos a seguir:

> **Flamengo supera o Grêmio no Maracanã**
> *Rubro-Negro vence por 3 a 1 e diminui diferença para o líder Santos no Brasileiro*

> [...] o Flamengo venceu o Grêmio.

a) Dos trechos acima, quais sugerem ação no tempo presente?

_____

_____

_____

_____

b) Qual trecho indica ações no tempo passado?

_____

_____

_____

c) Por que se emprega o tempo presente no título de uma notícia?

_____

_____

_____

_____

_____

8 Considere o trecho a seguir.

> Na penalidade, Rafael Galhardo **bateu** no canto direito e deixou tudo igual no marcador.

a) O termo destacado indica que:

☐ o jogador chutou a bola em direção ao canto direito do gol.

☐ o jogador se chocou contra o canto direito do gol.

b) Tendo em vista o contexto, o sentido mais adequado para a palavra destacada é:

☐ chegar sem querer.

☐ efetuar cobrança com um chute.

☐ topar com, ir de encontro a.

De onde vem o futebol?

Na China, há mais de 2 mil anos, praticava-se um jogo que consistia em lançar uma bola, com o uso dos pés, em direção a uma pequena rede. Na Antiguidade, também havia práticas parecidas com o que hoje se chama de futebol. No entanto, foi na Inglaterra, no século XIX, que o esporte se estabeleceu. Os ingleses foram os responsáveis por criar o primeiro conjunto de regras para a prática esportiva.

No ano de 1904, foi criada a Federação Internacional de Futebol (em francês, Fédération Internationale de Football Association), conhecida como Fifa, que se tornou responsável por dirigir a prática do esporte internacionalmente. Em 1930, a Fifa organizou a primeira Copa do Mundo.

Partida de futebol em Londres, em 1892.

Antes de ler ■■■

1 Qual é o tema do texto que você lerá agora?
2 O que você sabe sobre os times mencionados no título do texto?
3 Verifique a fonte do texto. Onde ele foi publicado?

https://www.gremio.net/noticias/detalhes/22709/comtime-alternativo-e-fora-de-casa-

Com time alternativo e fora de casa, Grêmio é superado pelo Flamengo

Tricolor acabou derrotado por 3 a 1 na noite deste sábado

10 AGO 2019 - 20:50

Nayra Halm/Fotoarena

O Grêmio enfrentou na noite deste sábado, 10, o Flamengo, no Maracanã, em partida válida pela 14ª rodada do Brasileirão. Com um time alternativo, o Tricolor acabou superado pelo placar de 3 a 1.

Os minutos iniciais foram de um jogo equilibrado e estudado por ambas as equipes. Aos 6', Thaciano serviu Pepê, que avançou para o meio e deu um passe para Léo Moura, mas Arrascaeta cortou. Na sequência, os donos da casa tentaram responder com Berrío, que recebeu na esquerda e fez um cruzamento. Gerson ajeitou para Cuellár, mas David Braz afastou.

Com uma oportunidade de bola parada, aos 15', o rubro-negro ameaçou com Arrascaeta, que cobrou uma falta da intermediária direto na meta defendida por Júlio César, mandando por cima. Já o Grêmio fez uma grande jogada com Luan acionando Pepê na esquerda. O atacante recebeu e fez o cruzamento, mas Rafinha tirou de carrinho pela linha de fundo, com 18'. Depois do escanteio cobrado, a bola ficou viva dentro da área, até que chegou a Luciano – ele finalizou, mas nas mãos do goleiro adversário.

Outra grande chance gremista foi aos 22', em uma jogada de Léo Moura, que com um belo passe acionou Pepê, que recebeu, passou pela zaga e chutou – a bola bateu na rede pelo lado de fora, mas a arbitragem assinalou impedimento do atacante. Os cariocas responderam com Bruno Henrique no minuto seguinte, que depois de boa tabela cruzou, mas ninguém chegou.

O placar foi aberto aos 28 minutos, com Willian Arão, que já na área recebeu um passe e chutou forte no canto direito, sem chances para Júlio César. A partir daí, o jogo ficou melhor para os cariocas, mas o Tricolor conseguiu segurar o placar e até empatar ainda na etapa inicial. Aos 44', Luan cobrou uma falta em cima da barreira – no lance, David Braz foi puxado pela camisa e caiu. Após análise do VAR, a arbitragem assinalou penalidade. Galhardo foi para a cobrança, mandou no canto esquerdo de Diego Alves e deixou tudo igual no Maracanã, aos 50'.

No segundo tempo, [foi] o Flamengo quem criou as primeiras chances. Berrío fez um cruzamento na área, Bruno Henrique desviou de cabeça, mas por cima do gol, logo aos 2 minutos. Aos 4', o rubro-negro conseguiu chegar ao seu segundo gol. No lance, Bruno Henrique finalizou, a bola explodiu na trave e voltou para a pequena área, onde estava Arrascaeta bem posicionado. Ele chutou no canto esquerdo de Júlio César, mandando para o fundo das redes. O Grêmio tentou responder com bola parada, aos 7', quando Galhardo colocou no segundo poste, buscando Luciano, mas Diego Alves se antecipou e fez a defesa. O Flamengo chegou novamente aos 10', com Rafinha avançando pela direita. Ele passou pela marcação e cruzou para Arrascaeta, que desviou de cabeça, mas pra fora. No lance seguinte, Gerson arriscou e chutou forte, mandando a bola na trave.

O Grêmio tentou aos 16', com Darlan buscando acionar Everton na área, mas Rafinha conseguiu o corte. Já os donos da casa seguiram superiores na partida e ameaçaram de novo com Bruno Henrique recebendo e chutando forte, mandando por sobre a meta, quase aos 30 da etapa complementar.

Outra chance tricolor veio em cobrança de falta da intermediária de ataque. Luan cobrou na área, a zaga afastou e a bola voltou a Pepê, que chutou, mas pegou mal. Em resposta, Arrascaeta recebeu um cruzamento e finalizou, obrigando Júlio César a uma grande defesa. Com 36', Juninho Capixaba cruzou rasteiro para Thaciano chegar e quase finalizar, mas Diego Alves se atirou para defender. Em seguida, foi a vez de Pepê tentar a finalização com meia bicicleta, mas a bola saiu por cima da meta.

Aos 40', Patrick acionou Da Silva na área, que dividiu com Pablo Marí e caiu dentro da área. Após análise do VAR, nada foi assinalado. Já o Flamengo conseguiu chegar ao terceiro gol nos acréscimos, com Everton Ribeiro, que chutou e mandou para o fundo das redes, no canto esquerdo do arqueiro gremista.

Com o resultado, o Tricolor não soma pontos nessa rodada.

Com time alternativo [...]. *Grêmio*. Disponível em: https://www.gremio.net/noticias/detalhes/22709/com-time-alternativo-e-fora-de-casa-gremio-e-superado-pelo-flamengo. Acesso em: 14 ago. 2019.

Glossário

acionar: mobilizar, interagir com.
arbitragem: ação própria do juiz, julgamento.
arqueiro: goleiro.
meta: no futebol, trata-se do gol, da trave.
VAR: árbitro assistente de vídeo (do inglês *Video Assistant Referee*), árbitro de vídeo.

1 A leitura atenta do texto permite entender que a principal finalidade comunicativa dele é:

a) criticar um acontecimento.

b) detalhar um acontecimento.

c) informar um acontecimento.

d) orientar um acontecimento.

2 Por se tratar de uma notícia, o texto apresenta os elementos essenciais que compõem o chamado lide (ou *lead*). Preencha o quadro a seguir, respondendo às questões apresentadas.

Quem?	
O quê?	
Quando?	
Onde?	
Por quê?	
Como?	

3 Observe a linha fina da notícia.

a) Qual é a importância dela no texto?

_____

_____

b) Como o redator se refere ao Grêmio na linha fina? Por quê?

_____

_____

4 Ao longo do texto, há muitas indicações relacionadas a momentos da partida. Observe:

> **Aos 6'**, Thaciano serviu Pepê, que avançou para o meio e deu um passe para Léo Moura, mas Arrascaeta cortou;

> Rafinha tirou de carrinho pela linha de fundo, **com 18'**;

a) Por que o texto apresenta tantas referências aos momentos do jogo?

_____

_____

_____

_____

_____

5 Apesar de não usar intertítulos, a notícia se organiza de tal modo que alguns parágrafos se destinam ao primeiro tempo e outros ao segundo. Assinale o parágrafo que divide, no texto, os dois tempos do jogo de futebol.

a) "Os minutos iniciais foram de um jogo equilibrado e estudado por ambas as equipes. Aos 6', Thaciano serviu Pepê, que avançou para o meio e deu um passe para Léo Moura, mas Arrascaeta cortou. Na sequência, os donos da casa tentaram responder com Berrío, que recebeu na esquerda e fez um cruzamento. Gerson ajeitou para Cuellár, mas David Braz afastou."

b) "Outra grande chance gremista foi aos 22', em uma jogada de Léo Moura, que com um belo passe acionou Pepê, que recebeu, passou pela zaga e chutou – a bola bateu na rede pelo lado de fora, mas a arbitragem assinalou impedimento do atacante. Os cariocas responderam com Bruno Henrique no minuto seguinte, que depois de boa tabela cruzou, mas ninguém chegou."

c) "No segundo tempo, [foi] o Flamengo quem criou as primeiras chances. Berrío fez um cruzamento na área, Bruno Henrique desviou de cabeça, mas por cima do gol, logo aos 2 minutos. Aos 4', o rubro-negro conseguiu chegar ao seu segundo gol. No lance, Bruno Henrique finalizou, a bola explodiu na trave e voltou para a pequena área, onde estava Arrascaeta bem posicionado. Ele chutou no canto esquerdo de Júlio César, mandando para o fundo das redes. O Grêmio tentou responder com bola parada, aos 7', quando Galhardo colocou no segundo poste, buscando Luciano, mas Diego Alves se antecipou e fez a defesa. O Flamengo chegou novamente aos 10', com Rafinha avançando pela direita. Ele passou pela marcação e cruzou para Arrascaeta, que desviou de cabeça, mas pra fora. No lance seguinte, Gerson arriscou e chutou forte, mandando a bola na trave."

d) "Outra chance tricolor veio em cobrança de falta da intermediária de ataque. Luan cobrou na área, a zaga afastou e a bola voltou a Pepê, que chutou, mas pegou mal. Em resposta, Arrascaeta recebeu um cruzamento e finalizou, obrigando Júlio César a uma grande defesa. Com 36', Juninho Capixaba cruzou rasteiro para Thaciano chegar e quase finalizar, mas Diego Alves se atirou para defender. Em seguida, foi a vez de Pepê tentar a finalização com meia bicicleta, mas a bola saiu por cima da meta."

6 Qual elemento presente no texto do parágrafo apontado como resposta da questão anterior permite identificar a mudança de um tempo para outro do jogo?

_____

_____

_____

_____

7 Releia os trechos a seguir.

I. "Depois do escanteio cobrado, a bola **ficou viva** dentro da área, até que chegou a Luciano – ele finalizou, mas nas mãos do goleiro adversário."

II. "No lance, Bruno Henrique finalizou, a bola **explodiu** na trave e voltou para a pequena área, onde estava Arrascaeta bem posicionado."

- Levando em conta o contexto comunicativo, qual é o sentido das expressões destacadas?

_____

_____

_____

_____

_____

8 Atente para os termos destacados nestes trechos:

I. "Na sequência, **os donos da casa** tentaram responder com Berrío, que recebeu na esquerda e fez um cruzamento."

II. "Com uma oportunidade de bola parada, aos 15', **o rubro-negro** ameaçou com Arrascaeta, que cobrou uma falta da intermediária direto na meta defendida por Júlio César, mandando por cima."

III. "**Os cariocas** responderam com Bruno Henrique no minuto seguinte, que depois de boa tabela cruzou, mas ninguém chegou."

Considerando esses trechos, identifique a que se refere cada uma das expressões destacadas e explique o uso delas.

os donos da casa	
o rubro-negro	
Os cariocas	

9 Pode-se dizer que o texto começou com as informações mais importantes e depois apresentou as informações secundárias? Justifique.

_____

_____

_____

10 Releia os seguintes trechos:

> Os gols de Willian Arão, Arrascaeta e Everton Ribeiro ajudaram o **Rubro-Negro** a diminuir para cinco pontos a diferença para o Santos, líder da competição.

> Com uma oportunidade de bola parada, aos 15', o **rubro-negro** ameaçou com Arrascaeta, que cobrou uma falta da intermediária direto na meta defendida por Júlio Cesar, mandando por cima.

- Por que se escreveu "Rubro-Negro" com iniciais maiúsculas no _site_ do Flamengo e "rubro-negro" com minúsculas no _site_ do Grêmio?

_____

_____

_____

11 Ainda comparando as duas notícias, leia os trechos a seguir, sobre um dos momentos da partida de futebol.

> No fim do primeiro tempo, o árbitro viu pênalti de Pablo Marí em David Braz. Na penalidade, Rafael Galhardo bateu no canto direito e deixou tudo igual no marcador.

> Aos 44', Luan cobrou uma falta em cima da barreira – no lance, David Braz foi puxado pela camisa e caiu. Após análise do VAR, a arbitragem assinalou penalidade. Galhardo foi para a cobrança, mandou no canto esquerdo de Diego Alves e deixou tudo igual no Maracanã, aos 50'.

a) Qual momento do jogo esses trechos registram?

_____

_____

b) Como a notícia do Flamengo menciona o acontecimento?

_____

_____

c) E a notícia do Grêmio?

_____

_____

d) Em um jogo de futebol, o pênalti é um momento tenso, pois a chance de gol se torna muito grande. Levante hipóteses: Por que cada time falou de modo diferente do fato?

_____

_____

_____

_____

_____

12 Vamos comparar como o mesmo fato foi tratado em cada um dos textos? Releia os títulos:

> Flamengo supera o Grêmio no Maracanã

> Com time alternativo e fora de casa, Grêmio é superado pelo Flamengo

a) Quem é o sujeito em cada um deles? Que relação isso tem com as fontes de cada texto?

_____

_____

_____

_____

b) Em um dos títulos, além do fato, destaca-se também uma justificativa. Em qual deles isso ocorre? Por quê?

_____

_____

_____

_____

c) Levante hipóteses: Por que os redatores optaram por construções com diferentes sujeitos, uma delas com uma justificativa?

_____

_____

_____

_____

Principais esportes de cada país

Em vários países do mundo, a preferência por práticas desportivas recai em outros esportes que não o futebol. A seguir, alguns exemplos.

Canadá

Hóquei no gelo. As baixas temperaturas no território canadense favorecem a prática dessa modalidade, caracterizada por ser uma disputa em um ringue de patinação entre duas equipes de seis jogadores cada.

China

Tênis de mesa. Foi por volta dos anos 1950 que o esporte se popularizou na China, estimulado por fatores como o baixo custo e a necessidade de uma área pequena para sua prática. É bastante comum entre os chineses, que são uma potência olímpica no esporte.

O hóquei no gelo é muito popular no Canadá.

Estados Unidos

Futebol americano. Esporte mais praticado nos Estados Unidos, o futebol americano constitui uma variação do rúgbi. Ele é praticado em ligas profissionais, faculdades ou escolas. Outros esportes também muito praticados nesse país são o basquete, o beisebol e o hóquei no gelo, além do próprio futebol.

Japão

Artes marciais. As artes marciais, como o sumô, o karatê e o kendô, são muito populares no Japão, constituindo marcas da identidade cultural do povo.

Nova Zelândia

Rúgbi. Extremamente popular na Nova Zelândia, o rúgbi é um esporte em que duas equipes de 15 jogadores se enfrentam, usando as mãos e os pés, com o objetivo de levar a bola oval até a linha de fundo adversária ou fazê-la passar por entre as traves da meta, por cima dessa linha.

Tailândia

Muay thai. Também chamada de boxe tailandês, essa arte marcial é muito popular em seu país de origem. Com uso intenso de punhos, cotovelos, joelhos, canelas e pés, a luta demanda boa preparação física e muita agilidade.

Quênia

Corrida. Os quenianos são mundialmente conhecidos por serem ótimos corredores de longas distâncias e alcançarem excelentes resultados nas principais provas internacionais da modalidade.

Campo de atuação jornalístico-midiático

As notícias que você leu nesta unidade são exemplos de gênero que pertence ao campo de atuação **jornalístico-midiático**. Além da notícia, estão ligados a esse campo: álbum noticioso, carta de leitor, entrevista, reportagem, reportagem multimidiática, fotorreportagem, fotodenúncia, artigo de opinião, editorial, resenha crítica, crônica, comentário, debate, *vlog* noticioso, *vlog* cultural, *meme*, charge, charge digital, *political remix*, anúncio publicitário, propaganda, *jingle*, *spot*, entre outros.

Os textos que pertencem à esfera jornalística tratam de informações e opiniões que contribuem para a construção do conhecimento. A leitura de jornais, revistas, *sites* e notícias de outros veículos confiáveis ajuda as pessoas a se manterem informadas e atualizadas, permitindo-lhes opinar sobre os fatos do cotidiano.

Coesão textual, sinonímia e perífrase

1 Leia novamente:

> Os minutos iniciais foram de um jogo equilibrado e estudado por ambas as equipes. **Aos 6'**, Thaciano serviu Pepê, que avançou para o meio e deu um passe para Léo Moura, **mas** Arrascaeta cortou. **Na sequência**, os donos da casa tentaram responder com Berrío, que recebeu na esquerda e fez um cruzamento. Gerson ajeitou para Cuellár, **mas** David Braz afastou.

a) Entre as expressões destacadas, quais foram usadas para contar momentos da partida indicando a sequência dos acontecimentos?

_____

_____

b) Qual conectivo é utilizado para relacionar orações e imprimir ideia de oposição?

_____

_____

Coesão textual

As expressões destacadas são recursos que permitem a progressão textual, estabelecendo relações entre os eventos contados. São operadores discursivos, importantes mecanismos de **coesão textual**. Coesão é o nome dado à forma de organização do texto por meio de conectivos que ligam palavras, períodos ou parágrafos.

2 Os operadores discursivos permitem ao leitor entender com mais clareza as intenções textuais. Eles podem ter a função de:

- acrescentar uma informação (além disso, e, também);
- contrapor ideias (mas, porém, ainda que, embora);
- explicar (já que, pois, porque);
- propor conclusão (portanto, dessa forma, logo, então);
- sugerir gradação (até mesmo, inclusive, no máximo, no mínimo);
- situar a ação no tempo (quando, em seguida, enquanto).

- Leia os trechos a seguir. Analise os operadores discursivos destacados e indique a função que exercem no trecho selecionado.

  a) "Na etapa final, o Rubro-Negro continuou melhor **e** criando as oportunidades. O segundo gol não demorou a acontecer. Bruno

Henrique fez linda jogada individual pela esquerda, chutou na trave **e**, no rebote, o uruguaio teve oportunismo **e** chutou para o gol: 2 a 1.

b) "Com uma oportunidade de bola parada, aos 15', o rubro-negro ameaçou com Arrascaeta, que cobrou uma falta da interme- diária direto na meta defendida por Júlio Cesar, mandando por cima. **Já** o Grêmio fez uma grande jogada com Luan acionando Pepê na esquerda. O atacante recebeu e fez o cruzamento, **mas** Rafinha tirou de carrinho pela linha de fundo, com 18'. Depois do escanteio cobrado, a bola ficou viva dentro da área, até que chegou a Luciano – ele finalizou, **mas** nas mãos do goleiro ad- versário."

c) "O atacante recebeu **e** fez o cruzamento, mas Rafinha tirou de carrinho pela linha de fundo, com 18'. **Depois do** escanteio co- brado, a bola ficou viva dentro da área, até que chegou a Luciano – ele finalizou, mas nas mãos do goleiro adversário."

d) "**No segundo tempo**, o Flamengo quem criou as primeiras chan- ces. Berrío fez um cruzamento na área, Bruno Henrique desviou de cabeça, mas por cima do gol, logo aos 2 minutos. **Aos 4'**, o rubro-negro conseguiu chegar ao seu segundo gol. **No lance**, Bruno Henrique finalizou, a bola explodiu na trave e voltou para a pequena área, onde estava Arrascaeta bem posicionado."

3 Amplie os períodos a seguir, acrescentando orações iniciadas pelos conectivos destacados entre parênteses. Indique o sentido expresso por eles.

a) O futebol é paixão nacional. (mas também)

b) É fundamental incentivar práticas desportivas. (porque)

c) O esporte ajuda a promover o bem-estar social. (portanto)

4 Observe os primeiros parágrafos das notícias lidas:

I. "Em partida válida pela 14ª rodada do Campeonato Brasileiro, o Flamengo venceu o Grêmio, por 3 a 1, na noite deste sábado (10), no Maracanã. Os gols de Willian Arão, Arrascaeta e Everton Ribeiro ajudaram o Rubro-Negro a diminuir para cinco pontos a diferença para o Santos, líder da competição."

II. "O Grêmio enfrentou na noite deste sábado, 10, o Flamengo, no Maracanã, em partida válida pela 14ª rodada do Brasileirão. Com um time alternativo, o Tricolor acabou superado pelo placar de 3 a 1."

a) Após mencionar "Flamengo", como o trecho **I** se refere novamente ao time?

_____

b) No trecho **II**, depois de mencionar "Grêmio", como se dá a referência ao time?

_____

_____

5 Leia, a seguir, a definição de "sinônimo":

> Palavras sinônimas são aquelas que têm sentido semelhante a outra em alguns contextos. Assim, quando utilizada, não altera o sentido da sentença.

Por terem sentido próximo uma das outras, as palavras sinônimas são muito úteis no processo de construção de um texto, fazendo retomadas e estabelecendo relações.

- Nos trechos a seguir, localize exemplos de sinônimos e anote-os.

  a) "O Grêmio tentou responder com bola parada, aos 7', quando Galhardo colocou no segundo poste, buscando Luciano, mas Diego Alves se antecipou e fez a defesa. O Flamengo chegou novamente aos 10', com Rafinha avançando pela direita. Ele passou pela marcação e cruzou para Arrascaeta, que desviou de cabeça, mas pra fora. No lance seguinte, Gerson arriscou e chutou forte, mandando a bola na trave."

  _____

  b) "Em seguida, foi a vez de Pepê tentar a finalização com meia bicicleta, mas a bola saiu por cima da meta. [...] Já o Flamengo conseguiu chegar ao terceiro gol nos acréscimos [...]."

  _____

  c) "Depois do escanteio cobrado, a bola ficou viva dentro da área [...] mas nas mãos do goleiro adversário. [...] Everton Ribeiro [...] chutou e mandou para o fundo das redes, no canto esquerdo do arqueiro gremista."

  _____

6 A lista a seguir mostra algumas palavras relacionadas ao futebol. Pesquise dois ou três sinônimos para cada uma delas e anote-os.

árbitro	
bola	
campo	
futebol	
zagueiro	

7 Chama-se perífrase a expressão usada para se referir a um termo específico; para isso, destaca-se uma característica ou atributo que torna o termo reconhecível. A lista seguinte apresenta os nomes de alguns times de futebol do Brasil. Pesquise maneiras de, por meio de perífrases, estabelecer referência aos times indicados.

Athletico (PR)	
Atlético (GO)	
Atlético (MG)	
Bahia (BA)	
Botafogo (RJ)	
Corinthians (SP)	
Cruzeiro (MG)	
Internacional (RS)	
Palmeiras (SP)	
São Paulo (SP)	
Sport (PE)	

Notícia

1 Em linhas gerais, o que se destaca no texto publicado no *site* rubro-negro? E como se constrói a notícia publicada no *site* tricolor?

_____

_____

_____

_____

_____

_____

_____

_____

2 Depois de estudar exemplos do gênero notícia e conhecer suas características, que tal um quadro para resumi-las? Você pode consultá-lo quando quiser se lembrar dos elementos principais desse gênero.

Objetivo
Informar sobre um acontecimento.

Estrutura
Lide
Desenvolvimento.
Conclusão.

Título
Manchete — chamar atenção do leitor e apresentar o tema.

Linguagem
Norma-padrão.

Imagens
Fotografias acompanhadas de legendas (contextualização da foto).

Notícia

Lide
O fato: o que aconteceu?
O agente: com quem aconteceu?
O tempo: quando aconteceu?
O modo: como aconteceu?
O lugar: onde aconteceu?
O motivo: por que aconteceu?

Joana Resek

3 Complete o quadro da próxima página com o título e o gênero dos textos, de acordo com o objetivo comunicativo deles, ou seja, o objetivo principal com o qual foram escritos. Observe os ícones que acompanham os textos, indicando o campo de atuação a que pertencem.

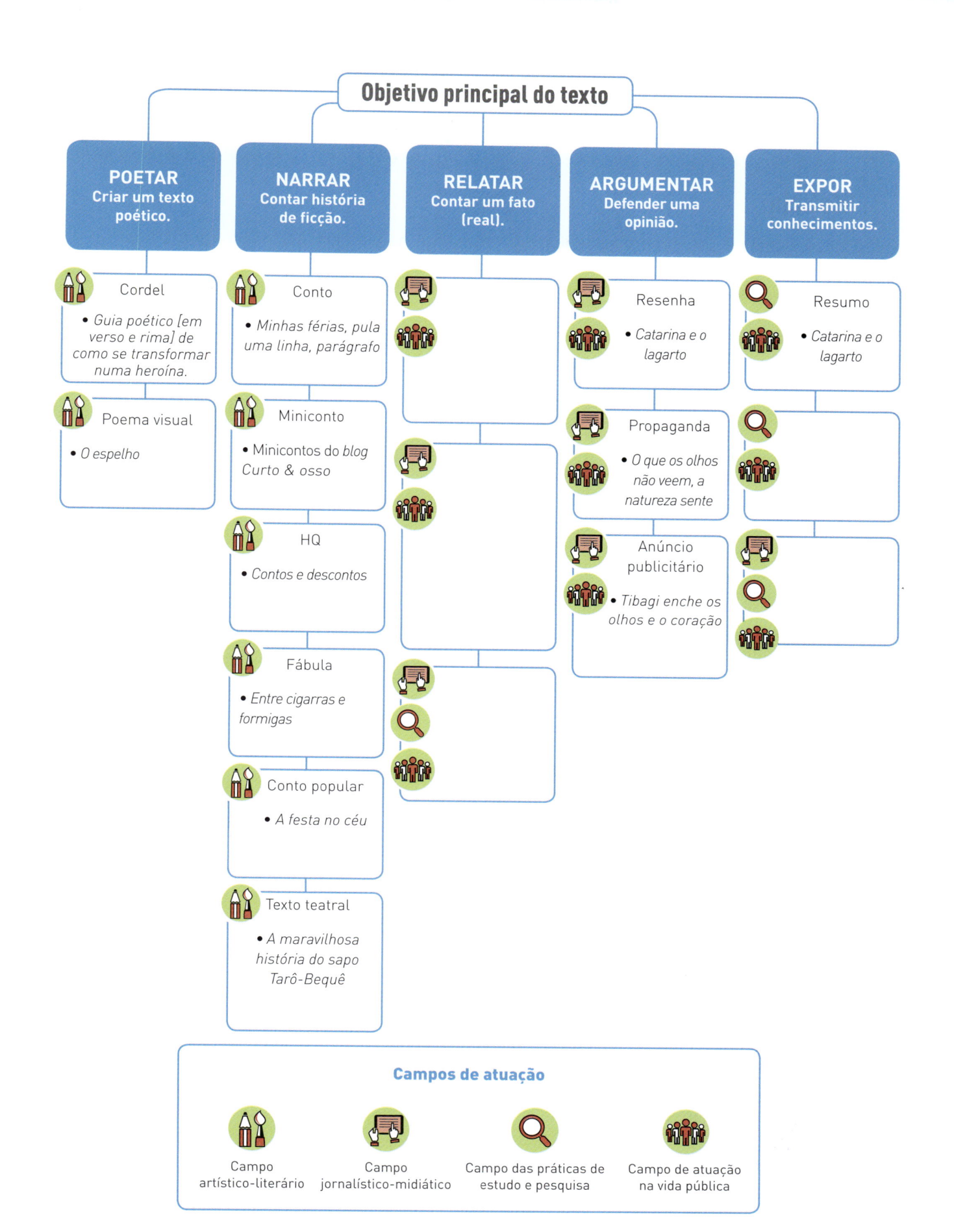

Objetivo principal do texto

POETAR — Criar um texto poético.

NARRAR — Contar história de ficção.

RELATAR — Contar um fato (real).

ARGUMENTAR — Defender uma opinião.

EXPOR — Transmitir conhecimentos.

POETAR

Cordel
- *Guia poético [em verso e rima] de como se transformar numa heroína.*

Poema visual
- *O espelho*

NARRAR

Conto
- *Minhas férias, pula uma linha, parágrafo*

Miniconto
- *Minicontos do blog Curto & osso*

HQ
- *Contos e descontos*

Fábula
- *Entre cigarras e formigas*

Conto popular
- *A festa no céu*

Texto teatral
- *A maravilhosa história do sapo Tarô-Bequê*

ARGUMENTAR

Resenha
- *Catarina e o lagarto*

Propaganda
- *O que os olhos não veem, a natureza sente*

Anúncio publicitário
- *Tibagi enche os olhos e o coração*

EXPOR

Resumo
- *Catarina e o lagarto*

Campos de atuação

Campo artístico-literário

Campo jornalístico-midiático

Campo das práticas de estudo e pesquisa

Campo de atuação na vida pública

 # Oficina de produção escrita

Notícia

A notícia é um gênero textual muito frequente na vida em sociedade, que cumpre o importante papel de informar com precisão acerca dos fatos. Agora, você vai escrever uma notícia. Como nos dedicamos ao universo esportivo nesta unidade, sugerimos que você produza uma notícia com base em um evento esportivo do qual possa fazer a cobertura como um jornalista. Vamos lá?

RECORDAR

1. A notícia tem como principal finalidade comunicativa relatar um fato que seja relevante para o público-alvo.

   - A linguagem do gênero textual segue a norma-padrão da língua e se caracteriza por ser impessoal, ou seja, não usa a 1ª nem a 2ª pessoa do discurso, redigindo-se o texto na 3ª pessoa. Não convém que o texto de uma notícia demonstre posicionamentos pessoais ou tenha marcas opinativas.

   - Em termos de estrutura, a notícia apresenta título, seguido de uma linha fina, a qual complementa as informações do título.

   - Na sequência, apresenta-se o lide, o primeiro parágrafo do texto, respondendo às perguntas "quem?", "o quê?", "quando?", "onde?", "por quê?" e "como?" em relação ao fato. As informações são então detalhadas no resto do texto.

   - A notícia pode vir acompanhada de uma ou mais fotos relativas ao que se noticia, com a presença de legendas.

PLANEJAR

2. Prepare-se para estar no evento esportivo.

   - Verifique a data, o horário e o local.

   - Chegue com antecedência para que possa checar as informações, como o nome completo das pessoas envolvidas no evento, os detalhes relacionados ao esporte, as pessoas responsáveis presentes etc.

   - Lembre-se de verificar como se escreve corretamente o que você mencionará. Leve material para anotações, câmera e, se possível, gravador para breves entrevistas.

3. Pesquise previamente tudo que puder.

   - Tenha em mãos os contatos de pessoas que possam ajudar você no entendimento da modalidade esportiva, caso ela lhe seja desconhecida.

PRODUZIR

4. Esteja atento a todos os detalhes do evento.

   - Observe. Ouça. Perceba o comportamento dos atletas, da torcida (se houver), dos técnicos, da arbitragem etc. O texto jornalístico deve passar ao leitor riqueza de detalhes do fato.

   - Tome nota de todos os detalhes. Anote informações relacionadas aos momentos da modalidade esportiva (tempo, detalhes, pontuação, faltas, advertências etc.). Lembre-se de que o leitor, ao ler a notícia, deve ter condições de compreender bem o que ocorreu.

5. Preocupe-se em responder às perguntas do lide: Quem? O quê? Quando? Onde? Por quê? Como? A resposta a essas questões vai se tornar o primeiro parágrafo da notícia.

6. Tire algumas fotos do evento, buscando o melhor ângulo e a melhor iluminação possível. A notícia pode ser ilustrada com uma imagem que complementa as informações fornecidas. Das fotos que tiver, selecione as melhores para, entre elas, escolher a que vai acompanhar sua notícia.

7. Redija o rascunho do texto.

   • Comece com o lide. Em seguida, inicie o detalhamento dos acontecimentos.

8. Após redigir o rascunho, elabore um título para a notícia. Lembre-se de que o título exibe verbo no presente do indicativo, o que sugere atualidade ao que se comunica. Outra dica é que ele deve ser compreensível e preciso. Por isso, evite palavras desnecessárias ou detalhamentos excessivos. É importante que o título se atenha ao essencial relativo ao fato.

9. Elabore uma legenda para a foto que acompanhará a notícia, isto é, um breve texto que descreva o que se quer destacar com aquela foto em relação à notícia.

REVISAR

10. Revise, atentamente, o rascunho elaborado.

    • Ortografia, acentuação, concordância, pontuação... Fique de olho em tudo!

    • Lembre-se também de evitar as repetições de palavras. Sinônimos e perífrases são recursos que podem ajudar nessa tarefa.

11. Entregue seu texto para um colega ler e leia também o texto dele. Observe no texto as seguintes questões:

    • A notícia tem título, linha fina, lide e corpo?

    • A linguagem é impessoal e está de acordo com a norma-padrão?

    • As informações mais relevantes estão nos primeiros parágrafos e os detalhamentos nos demais parágrafos?

    • A foto e a legenda fornecem informações objetivas a respeito do fato noticiado?

12. Após observar essas características gerais na notícia, passe o texto a limpo. Então, entregue-o ao professor para que ele possa avaliar sua produção.

    • Depois de receber a versão corrigida pelo professor, reescreva seu texto fazendo as alterações necessárias com capricho e organização.

COMPARTILHAR

13. Escolham de que maneira vão compartilhar os textos. Em um jornal impresso sobre esporte, em um *blog* criado pela turma ou no site da escola? Divulguem o trabalho realizado.

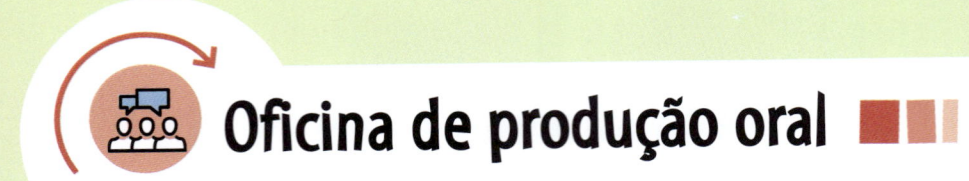 

Oficina de produção oral

Podcast

Em grupo, você e os colegas vão produzir e gravar um *podcast*.

CONHECER

1. Para saber mais sobre o gênero, leia o quadro a seguir:

> ### Podcast
>
> *Podcast* (pronuncia-se "pódiquesti") é um comentário em áudio divulgado em plataformas de *streaming* e por veículos de comunicação. Apesar de ser mais comum para a divulgação de áudios, também pode conter vídeos ou fotos. Esse meio de transmissão de ideias e informações surgiu em 2004 e tem sua criação atribuída ao VJ Adam Curry, que criou um agregador de *podcasts*, disponibilizando seu código de programação na internet. O nome vem da junção de **iPod** (dispositivo de áudio) com **broadcast** (do inglês, radiodifusão).

2. Busque, na internet e em plataformas de *streaming*, exemplos de *podcasts*. Segue uma sugestão:

Expresso Ilustrada: jornalistas da *Folha de S.Paulo* comentam sobre eventos culturais e obras de arte.

Disponível em: https://www1.folha.uol.com.br/podcasts/2019/08/expresso-ilustrada-explica-tarsila-do-amaral-para-quem-nao-sabe-nada-de-pintura.shtml. Acesso em: 20 fev. 2020.

3. É hora de criar o seu *podcast*. O tema será o evento esportivo que você cobriu para gerar a notícia da produção anterior.

PLANEJAR

4. Reúna-se com dois colegas. Consultem as anotações que vocês fizeram sobre os eventos esportivos em que se basearam as notícias escritas anteriormente.

- Além dos três componentes do grupo, vocês podem convidar alguém que tenha familiaridade com o tema – por exemplo, um professor de Educação Física, um atleta, um jornalista esportivo, entre outros.
- Definam um lugar silencioso e fechado, para não prejudicar a gravação do áudio. Utilizem um gravador ou um celular com boa captação de áudio.
- Elaborem um roteiro com perguntas que poderão ser respondidas por vocês ou pela pessoa convidada (se for o caso) e com pontos a serem abordados na conversa – lembrando que o roteiro é apenas um guia que contém pontos importantes. Durante a discussão, novas perguntas podem surgir; estejam preparados para improvisar.

PRODUZIR

5. No dia e no horário de gravar o *podcast*, cheguem mais cedo ao local e organizem o espaço.

- Preparem uma pequena apresentação dos participantes.
- No momento da gravação, sentem-se de modo confortável, liguem o equipamento e comecem a conversa. Definam quem conduzirá a discussão, de modo que não falem todos ao mesmo tempo e que não haja interrupções das falas.
- O áudio final deverá ter de 10 a 15 minutos.

REVISAR

6. Terminada a gravação, transfiram o áudio para um computador.

7. Mostrem o áudio ao professor e aos colegas, e conversem sobre o que foi produzido. Observem se:

- a discussão abordou o tema proposto;
- o grupo explicou bem o conteúdo;
- a gravação ficou audível e as falas foram adequadas à situação comunicativa.

  Caso necessário, façam alterações antes de divulgar o *podcast*.

8. Se for preciso editar, utilizem algum programa disponível na internet. Na edição podem ser incluídas músicas, efeitos sonoros, vinhetas de abertura etc.

COMPARTILHAR

9. O *podcast* poderá ser divulgado em um *site* criado pela turma ou em uma plataforma de *streaming*. Compartilhem o *link* correspondente com seus amigos, familiares e toda a comunidade escolar por meio das redes sociais.

 ## Conheça

Livros
- *O mistério da conspiração esquecida*, de Glaucia Lewicki. Juiz de Fora: Franco Editora, 2014.
- *Pequeno leitor de papel*, de Juliana Doretto. São Paulo: Alameda Editorial, 2013.
- *O que é jornalismo*, de Clóvis Rossi, São Paulo: Brasiliense, 2000.

Filmes
- *The post – A guerra secreta*, direção de Steven Spielberg. Estados Unidos, 2017, 117 min.
- *Quase famosos*, direção de Cameron Crowe. Estados Unidos, 2001, 123 min.
- *O abraço corporativo*, direção de Ricardo Kauffman, César Cavalcanti. Brasil, 2009, 74min.

Site
- Lupa - A primeira agência de *fact-checking* do Brasil. Disponível em: https://piaui.folha.uol.com.br/lupa/. Acesso em: 4 maio 2020.

Por dentro da Amazônia

Vitória-régia em afluente do rio Amazonas.
Comunidade São José, Juriti (PA), 2010.

Feche os olhos e imagine uma floresta. Nela, há árvores de todo tipo e tamanho, pássaros e diversos outros animais. A luz do sol passa entre as folhas e atinge seu rosto. A água que corre ao longe faz um ruído que agrada seus ouvidos.

Você está no meio da principal cobertura vegetal do Brasil, a Floresta Amazônica. Além de animais e plantas, a selva está repleta da essência humana, pois há uma vasta cultura de muitos povos, histórias e conhecimentos antigos, ocultos nos contornos da mata.

De repente, você abre os olhos, e o lugar onde está não é a floresta, mas a sala de aula. Nesta unidade, você terá a oportunidade de conhecer um pouco melhor a maior floresta tropical do mundo: a Floresta Amazônica.

Observe a imagem de abertura e responda:

- **Qual é a relação da foto com o tema da unidade?**
- **Você costuma passear em parques? Já visitou uma floresta? Conte sobre essas experiências.**
- **Levante hipóteses: por que é importante ler textos que divulguem informações científicas?**

O que você vai estudar?
Gêneros textuais
- Artigo de divulgação científica
- Notícia de divulgação científica

Língua e linguagem
- Tempo verbal e verbos de elocução na notícia

O que você vai produzir?
Oficina de produção
- Pesquisa e seminário (escrita e oral)

Antes de ler ■■■

1 Você sabe o que é **biodiversidade**? Se não conhece o significado dessa palavra, qual imagina que seja?

2 Qual é a relação entre as fotografias que ilustram o texto e o título?

Biodiversidade: fauna e flora

As florestas da Amazônia são as principais responsáveis pelo fato de o Brasil ser conhecido como um dos campeões mundiais da biodiversidade (variedade de espécies vegetais, animais e de microrganismos presentes num **ecossistema**). Não poderia ser de outro modo, porque matas tropicais são as mais ricas em espécies, e a Amazônia, como já vimos, é a maior floresta tropical do planeta Terra. É uma área três vezes maior do que a da segunda colocada, na República Democrática do Congo, um país da África.

Existem no mundo inteiro cerca de 1,5 milhão de espécies de plantas (a chamada flora) e de animais (fauna). Desse total, calcula-se que algo entre 10% e 15% se encontram na Amazônia brasileira. São aproximadamente 50-55 mil espécies de plantas, das quais cerca de 5 000 são árvores de grande porte – só para comparação, a América do Norte inteira abriga no total cerca de 650 espécies de árvores. Eis uma relação somente com as iniciais A e C dos nomes comuns de árvores amazônicas cuja madeira tem valor comercial: abiurana-abiu, andiroba, angelim-da-mata, angelim-pedra, angelim-rajado, cajuaçu, cardeiro, caroba, casca-doce, castanha-jacaré, cedrorana, coração-de-negro, cumaru, cumarurana e cupiúba. Mas nenhuma delas se compara ao cobiçado mogno, cuja madeira avermelhada se tornou sinônimo de luxo no mundo todo (e por isso mesmo se encontra sob risco de extinção).

Eduardo Zappia/Pulsar Imagens

Sumaúma, uma das árvores mais imponentes da região.

A mesma exuberância se repete com a fauna. Como a Amazônia é também o mundo da água, e não apenas da floresta, não poderiam faltar os peixes: há algo entre 2 600 e 3 000 espécies deles. Entre os mais famosos está o pirarucu, um habitante dos lagos de várzea que pode alcançar 2,7 metros e pesar até 180 quilos, e cuja carne é muito apreciada pelas populações ribeirinhas. E macacos, em quantidade: vivem na Floresta Amazônica 62 das 79 espécies de **símios** do Brasil. Dois exemplos ilustres são os saguis *Callithrix manicorensis* e *Callithrix acariensis*, cuja descoberta foi anunciada em 21 de abril de 2000, quando o Brasil fez 500 anos. Como macacos estão entre os habitantes mais barulhentos da mata, a maioria já foi descoberta por biólogos há tempos – tanto é que nos dez anos antes desses dois saguis só sete novas espécies haviam sido descritas.

Ao todo, são mais de 500 as espécies de mamíferos existentes no Brasil, mais de 1 600 de aves, outras 600 de anfíbios. Essas quantidades são todas imprecisas porque a biodiversidade da Amazônia ainda é muito pouco estudada e conhecida. Quando as pesquisas avançarem, acredita-se que esses números subam ainda mais.

Fernando Bueno/Tyba

A Amazônia tem muitas espécies de papagaio, como a ararajuba.

Marcelo Leite. *Amazônia:* terra com futuro. São Paulo: Ática, 2005. p. 41-42.

Quem é o autor?

Marcelo Leite, jornalista, é formado pela ECA-USP. Especializado em jornalismo científico, com atenção em biologia em temas ligados à Amazônia, é autor de *Promessas do genoma* (Unesp), *Os alimentos transgênicos* (Publifolha), entre outros livros sobre ciência. Escreve quinzenalmente para a *Folha de S.Paulo* aos domingos e assina coluna, também quinzenalmente, às segundas, no *site* do jornal.

Eduardo Knapp/Folhapress

Interagindo com o artigo de divulgação científica

1 Segundo o texto, por que podemos dizer que o Brasil é um dos campeões mundiais em biodiversidade?

_____

_____

_____

_____

2 Assinale a afirmação correta de acordo com as informações do texto.

a) Entre 10% e 15% das espécies vegetais do mundo são árvores de grande porte da Amazônia.

b) A Floresta Amazônica tem cerca de 650 espécies de árvores que não existem na América do Norte.

c) Entre 1990 e 2000, ocorreu no Brasil a descoberta de sete novas espécies de símios.

d) A maioria das espécies brasileiras de mamíferos, aves e anfíbios foi descoberta na Amazônia.

3 Segundo o autor, "a Amazônia é também o mundo da água". Que informação é dada para comprovar essa afirmação?

_____

_____

4 Releia o parágrafo final do texto:

> Ao todo, são mais de 500 as espécies de mamíferos existentes no Brasil, mais de 1600 de aves, outras 600 de anfíbios. Essas quantidades são todas imprecisas porque a biodiversidade da Amazônia ainda é muito pouco estudada e conhecida. Quando as pesquisas avançarem, acredita-se que esses números subam ainda mais.

O parágrafo de conclusão começa com a apresentação de alguns dados. Em seguida, o autor emite um comentário a respeito dos números mencionados. Que comentário é esse?

_____

_____

_____

_____

_____

_____

5 Qual é o objetivo principal do texto "Biodiversidade: fauna e flora"?

a) Argumentar sobre a possibilidade de as pesquisas na Amazônia prosperarem.

b) Divulgar conhecimentos sobre a Floresta Amazônica.

c) Informar sobre a beleza natural da Floresta Amazônica.

d) Relatar acontecimentos que ocorreram recentemente na floresta.

6 Leia novamente o trecho que segue:

> A mesma exuberância se repete com a fauna. Como a Amazônia é também o mundo da água, e não apenas da floresta, não poderiam faltar os peixes: há algo entre **2 600** e **3 000** espécies deles. Entre os mais famosos está o pirarucu, um habitante dos lagos de várzea que pode **alcançar 2,7 metros e pesar até 180 quilos**, e cuja carne é muito apreciada pelas populações ribeirinhas. E macacos, em quantidade: vivem na Floresta Amazônica 62 das 79 espécies de símios do Brasil. Dois exemplos ilustres são os saguis ***Callithrix manicorensis*** e ***Callithrix acariensis***, cuja descoberta foi anunciada em **21 de abril de 2000**, quando o Brasil fez 500 anos.

O parágrafo se inicia com uma afirmação que na sequência é comprovada por uma série de informações. Relacione os trechos destacados ao tipo de informação apresentado em cada um.

I. "2 600 e 3 000"

II. "alcançar 2,7 metros e pesar até 180 quilos"

III. "62 das 79"

IV. *Callithrix manicorensis* e *Callithrix acariensis*"

V. "21 de abril de 2000"

a) ☐ Características do pirarucu, famoso peixe da Amazônia.

b) ☐ Número de espécies de macacos conhecidas da Floresta Amazônica em relação às espécies identificadas no Brasil.

c) ☐ Quantidade aproximada de espécies de peixes da fauna amazônica.

d) ☐ Data do anúncio da descoberta de duas espécies de saguis.

e) ☐ Nomes científicos de dois saguis descobertos na Amazônia.

> Para comprovar os fatos que expõe, o artigo de divulgação científica deve apresentar **informações** obtidas em pesquisas, como números, datas, nomes científicos, nomes de especialistas e instituições.

7 Observando o uso dos parênteses, leia novamente os trechos que seguem:

Trecho 1

As florestas da Amazônia são as principais responsáveis pelo fato de o Brasil ser conhecido como um dos campeões mundiais da biodiversidade (variedade de espécies vegetais, animais e de microrganismos presentes num ecossistema).

Trecho 2

Existem no mundo inteiro cerca de 1,5 milhão de espécies de plantas (a chamada flora) e de animais (fauna).

Trecho 3

Mas nenhuma delas se compara ao cobiçado mogno, cuja madeira avermelhada se tornou sinônimo de luxo no mundo todo (e por isso mesmo se encontra sob risco de extinção).

- Qual é a função dos parênteses em cada trecho? Anote o número do trecho na função a ele correspondente.

a) ☐ Acrescentar uma informação ou explicação sobre o termo anterior.

b) ☐ Introduzir uma noção de consequência.

c) ☐ Introduzir um conceito, uma definição.

8 O artigo de divulgação científica é, em geral, constituído de um tema central, um desenvolvimento (formado por exemplos, comparações, comprovações etc.) e, às vezes, uma conclusão. Encontre no texto:

a) o tema central;

_____

_____

b) os parágrafos em que o desenvolvimento está.

_____

_____

_____

_____

_____

9 A conclusão do artigo de divulgação científica é facultativa, ou seja, pode ou não ocorrer. Em algumas vezes, ela apresenta a opinião do autor, em outras, não.

- No caso do texto lido, há uma conclusão? Explique sua resposta.

_____

_____

_____

_____

_____

_____

10 O texto de Marcelo Leite traz vários termos comparativos e superlativos, como neste trecho:

> As florestas da Amazônia são **as principais responsáveis** pelo fato [...].
>
> [...] matas tropicais são **as mais ricas** em espécies, e a Amazônia, como já vimos, é **a maior** floresta tropical do planeta Terra.
>
> É uma área **três vezes maior do que** a da segunda colocada [...].

- Assinale a alternativa que melhor descreve o uso desse recurso de linguagem, muito comum em textos de divulgação científica.

a) Há um exagero nas comparações apresentadas pelo texto, o que é feito com a intenção de despertar o interesse do leitor pelo assunto tratado.

b) As comparações entre diferentes referências geográficas e científicas ajudam o leitor a visualizar de forma mais clara as informações do texto.

11 Observe as imagens que acompanham o texto.

a) O que elas apresentam?

_____

_____

_____

_____

b) Além das próprias imagens, o que ajuda a compreender a fotografia?

_____

_____

_____

_____

12 Componha uma legenda para as imagens a seguir.

a) Pirarucu

Fabio Colombini

_____

b) Sagui _Callithrix manicorensis_

Tobias Pries/Alamy/Fotoarena

_____

13 Leia o depoimento do botânico alemão Carl von Martius, que pintou a flora brasileira em sua expedição pela Amazônia, em 1819.

Fundação Biblioteca Nacional, Rio de Janeiro

A Floresta Amazônica, representada em gravura do século XIX.

As árvores que nasceram antes de Cristo na floresta às margens do Rio Amazonas

Floresta Amazônica

Hoje ainda, passados tantos anos, me sinto perturbado com a visão daqueles gigantes de um tempo imemorial, do mesmo modo que ficaria se encontrasse algum homem de desmedidas proporções. Ainda hoje aquelas árvores gigantescas me falam ao espírito e me enchem de um piedoso temor, ou me fazem vibrar no peito a mesma admiração inefável que tomava todo o meu ser.

Ana M. França de Oliveira. O uso da iconografia em sala de aula: as impressões de alguns viajantes sobre os biomas brasileiros. _Fronteiras & Debates_, Macapá, v. 3, n. 2, jul.-dez. 2016.

- Compare o registro do explorador Carl von Martius com o texto "Biodiversidade: fauna e flora" e relacione as características de cada um:

I. Biodiversidade: fauna e flora.

II. As árvores que nasceram antes de Cristo na floresta às margens do Rio Amazonas.

☐ O autor descreve a flora amazônica de maneira subjetiva, ou seja, expõe opiniões e sentimentos sobre a floresta.

☐ O autor faz uma descrição objetiva da flora e da fauna da Amazônia, e lista nomes de animais e plantas.

☐ O autor apresenta dados de pesquisas e números para comprovar a grande biodiversidade da Amazônia.

Encontrada árvore mais alta da Amazônia e, com ela, alguns enigmas

Ao se deparar com o exemplar de angelim-vermelho (*Dinizia excelsa*) de 88 metros de altura – a mais alta árvore da Amazônia já registrada –, o professor Eric Bastos Gorgens se surpreendeu: "As árvores altas são mais propensas à quebra e à queda, seja por vento ou por não aguentarem o próprio peso". Por que essa cresceu tanto é uma incógnita.

Para o pesquisador em Modelagem de Ecossistemas e Dados Climáticos da Universidade de Oxford Sami Rifai, "o fato de terem sobrevivido por tanto tempo e crescido tão alto deve ser, pelo menos em parte, graças ao seu distanciamento absoluto das áreas urbanas e da indústria".

O angelim gigante talvez não seja o único. A Amazônia pode esconder muitas dessas árvores colossais. Segundo o pesquisador de Ecologia e Conservação Florestal na Universidade de Cambridge, Tobias Jackson, "encontramos pelo menos 15 árvores

O angelim-vermelho.

gigantes, algumas superando facilmente 80 m. Surpreendentemente, todas eram angelins-vermelhos. Ainda não sabemos como essas árvores conseguiram crescer tanto".

No coração da Amazônia

A expedição de 30 pessoas (entre elas, pesquisadores das universidades brasileiras, britânicas e finlandesas) percorreu 220 quilômetros de barco e 10 quilômetros a pé em mata fechada para achar a árvore dentro da Floresta Estadual do Paru (uma unidade de conservação estadual), no Pará, bem longe de focos de incêndios.

[...]

A altura da árvore é um recorde para a Amazônia brasileira, que ainda não tinha registrado nenhuma árvore com mais de 70 metros de altura. Ela foi descoberta através da análise de 850 áreas de floresta distribuídas aleatoriamente, mapeadas e digitalizadas a laser pelo Instituto Nacional de Pesquisas Espaciais (Inpe) entre 2016 e 2018. Foram analisados 594 conjuntos de árvores; destes, sete mostraram evidências de ter espécimes com mais de 80 m de altura.

[...]

Encontrada árvore mais alta da Amazônia e, com ela, alguns enigmas. *Mega Curioso*. Disponível em: https://www.megacurioso.com.br/ciencia/112015-encontrada-arvore-mais-alta-da-amazonia-e-com-ela-alguns-enigmas.htm. Acesso em: 20 jan. 2020.

Antes de ler ■■■

1 Leia o título do texto: qual é o assunto tratado no artigo?

2 O que é um enigma?

Interagindo com a notícia de divulgação científica

1 Sublinhe no texto as palavras que você não conhece e procure seus significados no dicionário.

2 O texto se desenvolve com base em qual fato?

_____

_____

_____

_____

3 Segundo o coordenador da pesquisa, que enigma pode estar por trás da descoberta? Copie um trecho do texto para justificar sua resposta.

_____

_____

_____

_____

_____

_____

_____

4 Releia.

> O angelim gigante talvez não seja o único. A Amazônia pode esconder muitas dessas árvores **colossais**.

> A pesquisa que resultou no encontro da árvore **colossal** sugere que o nordeste da Amazônia poderia reciclar muito mais carbono do que se pensava anteriormente.

- Qual é o sentido das palavras destacadas nos fragmentos? Que efeito o uso dessas expressões provoca na leitura do texto?

_____

_____

_____

_____

_____

5 Assinale a opção que melhor explica o objetivo principal do texto.

a) Apresentar um estudo sobre espécies de árvores amazônicas.

b) Informar o leitor sobre uma descoberta científica.

c) Defender a importância de preservação da floresta.

d) Apresentar um relatório de pesquisa.

6 Ao longo da notícia, utilizam-se números e estatísticas, cujo objetivo é:

a) comprovar os fatos relatados no texto.

b) questionar os fatos relatados no texto.

c) relativizar os fatos relatados no texto.

d) negar os fatos relatados no texto.

7 Para a notícia ser produzida, o autor costuma fazer pesquisas e entrevistas relacionadas ao tema.

- De que forma é indicado o discurso direto, ou seja, o depoimento do entrevistado?

_____

_____

8 A citação de falas do entrevistado é um recurso importante para:

a) confirmar e aprofundar informações sobre o tema.

b) questionar a diversidade de opiniões sobre o assunto tratado.

c) opor diferentes pontos de vista a respeito da pesquisa divulgada.

d) divulgar as fontes consultadas.

9 Observe a imagem que acompanha a reportagem.

a) O que a fotografia mostra?

_____

_____

_____

b) Por que a utilização de fotografias é importante em textos de divulgação científica?

_____

_____

_____

_____

c) Qual é a importância da legenda em textos como o que você leu?

_____

_____

_____

_____

Tempo verbal e verbos de elocução na notícia

1 Para refletir um pouco mais sobre a estrutura da notícia e fazer as atividades, leia o texto a seguir.

Antropólogo: profissional que estuda o ser humano, assim como fatos e traços a ele relacionados, como origens, evolução, desenvolvimento físico, material e cultural, psicologia, características étnicas, costumes sociais e crenças.

http://g1.globo.com/ac/acre/noticia/2015/08/cultura-indigena-huni-kuin-do-interior-do-ac-vira-tema-

Cultura indígena Huni Kuin do interior do Acre vira tema de *game*

O povo Huni Kuin (Kaxinawá), próximo ao município do Jordão, distante 462 km da capital Rio Branco, é a inspiração do jogo de *videogame* "Huni Kuin: Os caminhos da Jiboia", com lançamento previsto para o início do próximo ano [2016]. Segundo o antropólogo e idealizador do projeto, Guilherme Meneses, de São Paulo, aproximadamente 30 indígenas participaram do trabalho juntamente com uma equipe formada por profissionais de várias áreas.

Meneses conta que, desde a concepção, o trabalho teve o intuito de exaltar a cultura do povo, mesmo sem saber ainda a comunidade exata com a qual a equipe iria trabalhar. [...]

"Os pajés e mestras contaram essas longas histórias nas duas línguas – português e hãtxa kui –, as quais gravamos em vídeo. Com esses mitos, os jovens fizeram os desenhos que aparecem em cenas [...]. Além disso, gravamos o áudio dos cantos e efeitos sonoros da floresta. Também capturamos aspectos da cultura. Os indígenas também estão sendo responsáveis pela tradução para hãtxa kui", detalha.

Talita Hayata

Game "Os Caminhos na Jiboia" tem como inspiração a cultura do povo Huni Kuin no Acre.

De acordo com o antropólogo, com o jogo totalmente finalizado, o lançamento e distribuição devem ocorrer primeiro nas comunidades indígenas. O *game* ficará disponível em formato *on-line* gratuitamente. "Temos interesse em portar para celular, mas não está previsto nos custos e no cronograma original", acrescenta.

Para Oswaldo Kaxinawá, um dos coordenadores gerais do trabalho dentro da aldeia, o *game* vai ajudar a divulgar a cultura Huni Kuin. Ele faz questão de frisar a participação indígena na produção. "Para nós, esse projeto foi muito importante. Reunimos toda a liderança para as oficinas. É jogo nosso, que nós fizemos também. É importante as pessoas conhecerem nossas histórias", finaliza.

Caio Fulgêncio. Cultura indígena [...]. *G1*. Disponível em: http://g1.globo.com/ac/acre/noticia/2015/08/cultura-indigena-huni-kuin-do-interior-do-ac-vira-tema-de-game-veja-previa.html. Acesso em: 23 mar. 2020.

a) Qual é o fato noticiado pelo texto?

_____

_____

b) Segundo a notícia, quais são os objetivos do projeto? Explique sua resposta e exemplifique-a com um trecho em que haja uma menção direta a essa finalidade.

_____

_____

_____

_____

_____

_____

_____

_____

_____

> **Notícia** é um gênero informativo, cuja veiculação se dá geralmente em veículos de comunicação impressos, como jornais e revistas, canais de rádio e televisão, além de portais da internet.

2 Ao atentar para as formas verbais utilizadas no texto, você perceberá a recorrência de um tempo verbal. Observe, por exemplo, o título da notícia.

> Cultura indígena Huni Kuin do interior do Acre **vira** tema de *game*.

a) Que tempo é utilizado na forma verbal em destaque? Que tipo de ação ele expressa?

_____

_____

_____

b) No título, o tempo verbal é empregado em seu sentido usual?

_____

_____

_____

_____

3 Para fazer a **citação** de depoimentos de pessoas entrevistadas, o autor da notícia utiliza o **discurso direto** ou o **discurso indireto**.

> A **citação** de testemunhos pessoais é um recurso comum no jornalismo. Serve para revelar as fontes consultadas e, sobretudo, para conferir credibilidade aos fatos.

Leia as duas afirmações a seguir:

- Há **discurso direto** quando é apresentada a transcrição da fala das pessoas entrevistadas.

- Há **discurso indireto** quando o autor do texto conta o que os entrevistados disseram.

Em cada fragmento a seguir, retirado do texto citado, marque se foi usado o discurso direto ou o discurso indireto.

a) Segundo o antropólogo e idealizador do projeto, Guilherme Meneses, de São Paulo, aproximadamente 30 indígenas participaram do trabalho [...].

☐ discurso direto ☐ discurso indireto

b) "[...] Os indígenas também estão sendo responsáveis pela tradução para hãtxa kui", detalha.

☐ discurso direto ☐ discurso indireto

c) Para Oswaldo Kaxinawá, um dos coordenadores gerais do trabalho dentro da aldeia, o *game* vai ajudar a divulgar a cultura huni kuin.

☐ discurso direto ☐ discurso indireto

4 Para indicar a forma de expressão das declarações dos entrevistados, a notícia utiliza os chamados **verbos de elocução**.

> Os **verbos de elocução** são usados com o objetivo de apresentar o discurso direto, introduzindo ou anunciando a fala. São exemplos: afirmar, responder, argumentar, declarar, comentar, entre outros.

- Releia na próxima página os dois últimos parágrafos da notícia e localize os verbos de elocução. Explique o que eles exprimem.

"Temos interesse em portar para celular, mas não está previsto nos custos e no cronograma original", acrescenta.

"[...] É importante as pessoas conhecerem nossas histórias", finaliza.

Campo das práticas de estudo e pesquisa

Pesquisadores em trabalho de campo.

Os textos que você leu nesta unidade (artigo de divulgação científica e notícia de divulgação científica) estão relacionados ao **campo de atuação das práticas de estudo e pesquisa**. Essa esfera volta-se para a participação em situações de leitura e escrita que possibilitem conhecer os textos expositivos e argumentativos, a linguagem e as práticas relacionadas ao estudo, à pesquisa e à divulgação científica, o que favorece a aprendizagem dentro e fora da escola. Outros gêneros desse campo, em mídia impressa ou digital, são: enunciados de tarefas escolares; relatos de experimentos; quadros; gráficos; tabelas; infográficos; diagramas; entrevistas; notas de divulgação científica; verbetes de enciclopédia etc.

Já vimos que a notícia pertence ao campo jornalístico-midiático, pois sua função é divulgar fatos do cotidiano. No entanto, um gênero pode pertencer a mais de um campo de atuação, e isso acontece com a notícia de divulgação científica, que contribui para a construção do conhecimento por meio da difusão de um fato ou acontecimento relacionado ao campo da ciência e da pesquisa.

Artigo de divulgação científica e notícia de divulgação científica

1 Os **textos 1** e **2** têm objetivos comunicativos diferentes. Quais são esses objetivos?

_____

_____

_____

_____

_____

2 Depois de estudar os gêneros **artigo de divulgação científica** e **notícia de divulgação científica** e conhecer suas principais características, que tal um mapa mental para resumir as semelhanças e diferenças entre eles? Você pode consultá-lo sempre que quiser se lembrar dos elementos principais desses gêneros.

Joana Resek

Título
Objetivo e direto
→ reflete o tema do artigo.

Introdução
Apresentação do tema e da importância da pesquisa.

Desenvolvimento
Dados da pesquisa (exemplos, comparações, imagens ilustrativas, citações).

Conclusão
Retomada do tema e encerramento.

Referências
Textos e sites com informações confiáveis para serem utilizadas na pesquisa.

Objetivo
Transmitir conhecimento.
Isso é feito com:

Linguagem
Clara e objetiva, com verbos no presente do indicativo.

Registro
Norma-padrão.

Estrutura

Artigo de divulgação científica

Notícia de divulgação científica

Diferença

Trata de um assunto científico.

Trata de um fato científico.

3 Complete o quadro da página a seguir com o título e o gênero dos textos. Este último quadro representa os tipos de texto e os gêneros estudados durante o ano.

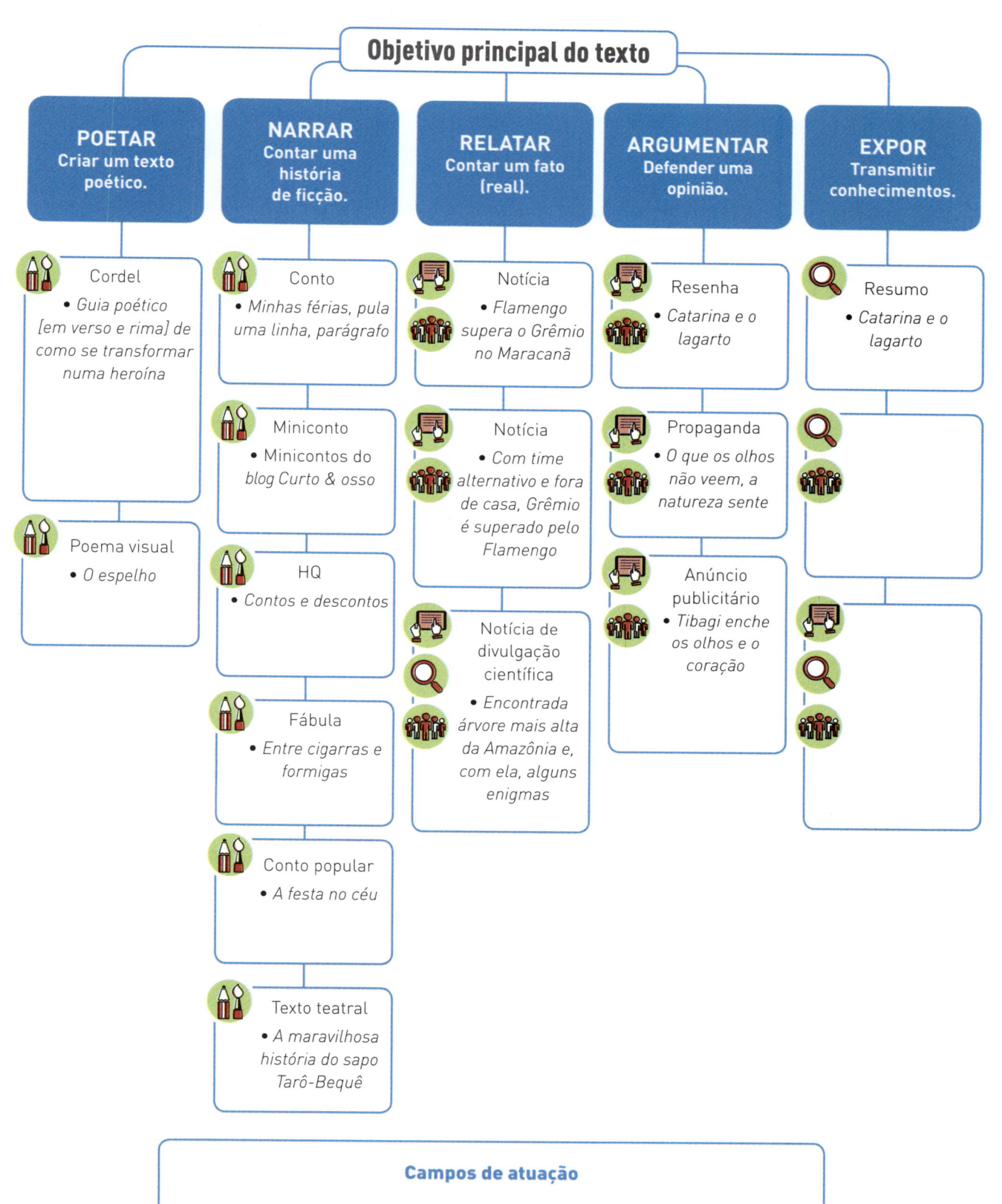

Objetivo principal do texto

POETAR
Criar um texto poético.

Cordel
- *Guia poético [em verso e rima] de como se transformar numa heroína*

Poema visual
- *O espelho*

NARRAR
Contar uma história de ficção.

Conto
- *Minhas férias, pula uma linha, parágrafo*

Miniconto
- *Minicontos do blog Curto & osso*

HQ
- *Contos e descontos*

Fábula
- *Entre cigarras e formigas*

Conto popular
- *A festa no céu*

Texto teatral
- *A maravilhosa história do sapo Tarô-Bequê*

RELATAR
Contar um fato (real).

Notícia
- *Flamengo supera o Grêmio no Maracanã*

Notícia
- *Com time alternativo e fora de casa, Grêmio é superado pelo Flamengo*

Notícia de divulgação científica
- *Encontrada árvore mais alta da Amazônia e, com ela, alguns enigmas*

ARGUMENTAR
Defender uma opinião.

Resenha
- *Catarina e o lagarto*

Propaganda
- *O que os olhos não veem, a natureza sente*

Anúncio publicitário
- *Tibagi enche os olhos e o coração*

EXPOR
Transmitir conhecimentos.

Resumo
- *Catarina e o lagarto*

Campos de atuação

Campo artístico-literário

Campo jornalístico-midiático

Campo das práticas de estudo e pesquisa

Campo de atuação na vida pública

Oficina de produção escrita e oral

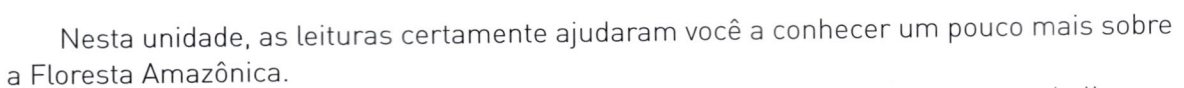

Nesta unidade, as leituras certamente ajudaram você a conhecer um pouco mais sobre a Floresta Amazônica.

Agora, vamos ampliar esse conhecimento por meio de uma pesquisa, um trabalho escrito e a apresentação de um seminário para a turma.

Pesquisa e artigo de divulgação científica

RECORDAR

1. Para escrever um artigo de divulgação científica com as informações pesquisadas, é importante relembrar algumas características de textos do gênero. Lembre-se: o objetivo principal desses textos é transmitir conhecimentos.

2. Quanto à estrutura, o texto deve ter:
   - a introdução, em que constarão explicações sobre o assunto pesquisado e conceitos fundamentais para compreendê-lo;
   - o desenvolvimento, em que serão apresentados dados, exemplos, comparações, imagens ilustrativas, informações precisas etc.;
   - a conclusão, na qual serão retomados alguns elementos principais do texto, como os apresentados na introdução.

3. Quanto à linguagem, é necessário empregar a norma-padrão da língua e utilizar verbos no presente do indicativo, com palavras ou expressões próprias da área do conhecimento em destaque.

PESQUISAR E PLANEJAR

4. Agora, você e seus colegas vão fazer uma pesquisa sobre o bioma de alguma região brasileira, refletir sobre as informações que obtiverem e escrever um texto sobre esse tema.

Bioma é uma grande comunidade estável e desenvolvida, adaptada às condições ecológicas de uma região, e é caracterizado por diferentes tipos de vegetação e de fauna (vida animal). O Brasil possui seis biomas: Amazônia, Caatinga, Cerrado, Mata Atlântica, Pampa e Pantanal, que predominam em diferentes regiões do país, como indicado no mapa.

BRASIL. Secretaria da Educação. Disponível em: http://www.geografia.seed.pr.gov.br/modules/galeria/uploads/5/normal_117biomasbrasil.jpg. Acesso em: 4 maio 2020.

5. Formem duplas ou trios para discutir o assunto escolhido e pesquisar a respeito do bioma. Façam pesquisas na internet e em bibliotecas, conversem com pessoas que gostam de ler sobre esse tema – seja na escola, seja em casa –, ouçam os professores da escola (alguns do grupo podem fazer pequenas entrevistas com eles e pedir-lhes que apresentem sugestões de livros e de estudiosos que possam ser pesquisados).

6. Alguns itens que vocês devem incluir na pesquisa:
   - localização do bioma;
   - características do bioma;
   - descrição de sua fauna e flora;
   - nível de preservação do bioma;
   - mapas, gráficos, infográficos e tabelas ilustrativas.

PRODUZIR

7. Organizem o material pesquisado e comecem a escrever, transformando as ideias em parágrafos coerentes que apresentem as informações e opiniões obtidas.

8. Pensem em quem serão os leitores do texto: os colegas da escola. De que maneira eles podem se interessar pelo assunto e aprofundar as informações?

9. Coloquem um título que seja bem interessante e indiquem o assunto tratado.

10. Ao final do texto, citem as referências, ou seja, os textos e *sites* utilizados para a realização da pesquisa.

COMPARTILHAR

11. Troquem o texto com outro grupo: os colegas devem ajudar a revisar o trabalho, e vocês farão o mesmo com o texto deles. Observem, por exemplo, se o texto:
    - emprega uma linguagem objetiva, de acordo com as características do gênero, e utiliza o registro escrito formal da língua;
    - apresenta as informações de maneira compreensível.

12. Após as observações dos colegas do outro grupo efetuem as modificações necessárias no texto, de modo a torná-lo mais interessante e mais compreensível. Na sequência, entreguem-no ao professor, para que ele faça novas sugestões.

Fabio Eugenio

Seminário

O seminário é um gênero oral e público que está presente nos meios escolares e científicos. Tem como objetivo a investigação de um tema e a apresentação de resultados ou problemas para um público que se interesse pelo assunto, com troca de saberes e conhecimentos.

PLANEJAR

1. Reúna-se novamente com o grupo com o qual você realizou a pesquisa, para planejar e apresentar um seminário à turma.

2. Para expor as informações pesquisadas, é necessário que vocês estudem novamente os textos que pesquisaram e, sobretudo, o texto que escreveram.

3. Se julgarem importante, pesquisem, na biblioteca da escola ou na internet, outras informações sobre o tema escolhido.

4. Anotem informações que possam ser relevantes para a apresentação do tema e juntem-nas aos dados pesquisados para a elaboração do artigo de divulgação científica. Com base nesse material, vocês podem elaborar um roteiro do seminário que apresentarão.

5. Definam o tempo de apresentação que deve ser usado por cada integrante do grupo. Façam um esquema para organizar a apresentação: qual será o primeiro dado ou ponto de vista apresentado, quem vai falar, quais serão os recursos usados (como vídeos, *slides* e *data show*), quais textos serão citados etc.

6. Elaborem os *slides* que vão auxiliar na apresentação. Eles devem ser utilizados como apoio, com palavras-chave, frases curtas, imagens, gráficos e vídeos. Não transcrevam textos longos nos *slides*. Informações detalhadas devem ser apresentadas oralmente.

7. Ensaiem a apresentação com os colegas do grupo, tendo em mãos o esquema feito anteriormente. Vocês podem consultá-lo como forma de guiar o que será dito. Se preciso, ensaiem várias vezes até terem mais segurança em relação ao assunto e à fluência ao falar.

PRODUZIR

8. Vejam a seguir algumas dicas relativas à apresentação do seminário.
   - Cumprimentem os colegas e façam uma breve apresentação do grupo e do tema geral do seminário.
   - Exponham a importância da abordagem do tema e do que o grupo tratará especificamente.
   - Sigam o roteiro sem omitir informações nele contidas.
   - No final da exposição, retomem os principais pontos abordados e apresentem uma conclusão.

9. Não se esqueçam de que elementos como a postura, a voz, o ritmo, o olhar e a interação com o público podem ser determinantes para a apresentação. Levando isso em consideração, lembrem-se de:

- ficar em pé, de frente para a plateia;

- ter ritmo na fala e entonação, para que uma boa apresentação possa ser entendida e não soe cansativa;

- falar numa altura de voz adequada, de forma que todos possam ouvi-los;

- ser educados e solícitos com o público, estando prontos para solucionar quaisquer dúvidas.

10. Durante as apresentações, os colegas devem tomar notas sobre o que cada grupo pesquisou, para depois compartilharem suas impressões sobre os trabalhos.

REVISAR E COMPARTILHAR

11. A turma pode gravar os seminários, para analisar os vídeos e avaliar pontos que precisam ser aprimorados em futuras apresentações.

12. Nos vídeos, avaliem alguns pontos:
    - O grupo se apresentou e cumprimentou a plateia?
    - O tema foi apresentado adequadamente?
    - Todos do grupo participaram da apresentação igualmente?

13. Caso tenham respondido negativamente a algumas das perguntas, observem que esses pontos devem ser revistos em novos seminários ou apresentações orais.

Conheça

Livros
- *O guardião das florestas*, de Maria Cristina Furtado. São Paulo: Editora do Brasil, 2007.
- *Amazon – Guerreiros da Amazônia*: o Templo da Luz, de Ronaldo Barcelos. Rio de Janeiro: RJR Produções, 2015.
- *A terra sem males*: mito guarani, de Jakson de Alencar. São Paulo: Paulus, 2009.
- *Histórias verdadeiras*, de Gisélia Laporta Nicolelis. São Paulo: Scipione, 2010.

Filmes
- *A nação que não esperou por Deus*, direção de Lucia Murat. Brasil, 2015, 89 min.
- *Amazônia S/A*, direção de Estevão Ciavatta e Fernando Acquarone. Brasil, 2015, 50 min.
- *Coração do Brasil*, direção de Daniel Solá Santiago. Brasil, 2011, 86 min.

Sites
- Amazônia. Disponível em: https://amazonia.org.br/. Acesso em: 21 jan. 2020.
- Huni Kuin. Disponível em: https://hunikuin.wordpress.com/. Acesso em: 21 jan. 2020.
- Ecolmeia. Disponível em: https://ecolmeia.org.br/. Acesso em: 21 jan. 2020.
- MUSA – Museu da Amazônia. Disponível em: www.museudaamazonia.org.br. Acesso em: 21 jan. 2020.
- Museu do índio. Disponível em: www.museudoindio.gov.br. Acesso em: 21 jan. 2020.

Editora do Brasil

Taiga Filmes

Referências

ANTUNES, Irandé. *Lutar com palavras*: coesão e coerência. São Paulo: Parábola Editorial, 2005.

AZEREDO, José Carlos. *Fundamentos de gramática do português*. 3. ed. rev. Rio de Janeiro: Zahar, 2010.

BAGNO, Marcos. *Preconceito linguístico*: o que é, como se faz. São Paulo: Loyola, 2011.

BAKHTIN, Mikhail. *Estética da criação verbal*. São Paulo: Martins Fontes, 2000.

BAZERMAN, Charles. *Gêneros textuais, tipificação e interação*. 4. ed. São Paulo: Cortez, 2011.

BECHARA, Evanildo. *Moderna gramática brasileira*. 38. ed. Rio de Janeiro: Lucerna, 2015.

BRASIL. Ministério da Educação. *Base Nacional Comum Curricular*. Brasília: MEC, 2018. Disponível em: http://basenacionalcomum.mec.gov.br/images/BNCC_EI_EF_110518_versaofinal_site.pdf. Acesso em: 3 mar. 2020.

BRONCKART, Jean-Paul. *Atividade de linguagem, textos e discursos*: por um interacionismo sociodiscursivo. São Paulo: Educ, 1999.

CASTILHO, Ataliba Teixeira de. *Nova gramática do português brasileiro*. São Paulo: Contexto, 2010.

COSTA, Sérgio Roberto. *Dicionário de gêneros textuais*. Belo Horizonte: Autêntica, 2008.

DOLZ, Joaquim; SCHNEUWLY, Bernard. *Gêneros orais e escritos na escola*. Tradução e organização: Roxane Rojo e Glaís Cordeiro. Campinas: Mercado das Letras, 2004.

FIORIN, José Luiz. *Argumentação*. São Paulo: Contexto, 2015.

FREIRE, Paulo. *Medo e ousadia*: o cotidiano do professor. Rio de Janeiro: Paz e Terra, 2001.

GERALDI, J. Wanderley; CITELLI, Beatriz (Coord.). *Aprender e ensinar com textos de alunos*. 6. ed. São Paulo: Cortez, 2004.

ILARI, Rodolfo (Org.). *Gramática do português falado*. Campinas: Unicamp, 2002.

KLEIMAN, Ângela. *Texto e leitor*: aspectos cognitivos da leitura. Campinas: Pontes, 2011.

KOCH, Ingedore Villaça. *O texto e a construção de sentido*. 10. ed. São Paulo: Contexto, 2010.

MAGALHÃES, Tânia Guedes; GARCIA-REIS, Andreia Rezende; FERREIRA, Helena Maria (Orgs.). *Concepção discursiva de linguagem*: ensino e formação docente. Campinas: Pontes, 2017.

MARCUSCHI, Luiz Antônio. *Produção textual, análise de gêneros e compreensão*. São Paulo: Parábola, 2011.

MORAIS, Artur Gomes. *Ortografia*: ensinar e aprender. 4. ed. São Paulo: Ática, 2003.

ROJO, Roxane; BARBOSA, Jacqueline P. *Hipermodernidade, multiletramentos e gêneros discursivos*. São Paulo: Parábola, 2015.

SCHNEUWLY, Bernard. O ensino da comunicação. *Nova Escola*, São Paulo, n. 157, nov. 2002.

SEIXAS, Lia; PINHEIRO, Najara Ferrari (Org.). *Gêneros*: um diálogo entre comunicação e linguística. Florianópolis: Insular, 2013.

SOLÉ, Isabel. *Estratégias de leitura*. Porto Alegre: Penso, 2015.

ZABALA, Antoni. *A prática educativa*. Porto Alegre: Artmed, 1998.